Diogenes Taschenbuch 20317

W0035053

Federico Fellini

Die Nächte der Cabiria

Le notti di Cabiria

*Idee und Drehbuch von
Federico Fellini
in Zusammenarbeit mit
Ennio Flaiano, Tullio Pinelli
und Brunello Rondi
Mit 53 Fotos*

Diogenes

Herausgegeben von Christian Strich

Textredaktion: Thomas Bodmer
Standfotos von Nicola Arresto

Inhalt

Vorwort

Lieber Verleger,
das Original-Treatment von ›Le Notti di Cabiria‹ habe ich
nicht aufgehoben, oder ich finde es nicht mehr. Um ehrlich zu
sein, ich erinnere mich nicht, ob wir überhaupt jemals eines
geschrieben haben.
Zu Anfang gab es nur eine Episode, die aus einem kleinen
Einfall von mir entwickelt und mit Pinelli für Anna Magnani
bearbeitet worden war. Die Dinge hatten sich so zugetragen:
Roberto Rossellini suchte eine Anregung, einen Vorwurf, eine
kleine Erzählung, um daraus einen kurzen Film von 45 Minuten
Dauer zu machen, den er einem Kurzfilm hinzufügen wollte,
den er bereits fertiggestellt hatte und der nach Jean Cocteaus
Einakter ›Die menschliche Stimme‹ gedreht worden war ...
Oder nein, jetzt erinnere ich mich genauer, es ist die Magnani
selber gewesen, die, als sie mich in einem Restaurant traf, zu mir
gesagt hat: »Anstatt daß du hier rumsitzt und ißt und schließlich fett wirst und dein so romantisches Hungerleidergesicht ein-
büßt, warum schreibst du mir nicht eine hübsche Geschichte, die
man mit diesem Verrückten, deinem Freund Roberto, drehen
kann?«
Natürlich mußte die Geschichte »zum Weinen bringen, zum
Lachen bringen, neorealistisch, aber gefällig und schön wie die
amerikanischen Vorkriegsfilme sein, sie mußte für die Gesellschaft eine heftige Anklage darstellen, aber auch ein Wort der
Hoffnung enthalten, und endlich mußte unter allen Umständen
ein schönes römisches Lied darin vorkommen.«
Ich habe die Magnani immer gern gehabt, sie war mir sympathisch, ich bewunderte sie, aber sie machte mich auch ein bißchen
befangen mit ihrer düsteren Zigeunerköniginnen-Art, den lan-
gen, ruhigen, prüfenden Blicken, den heiseren Lachausbrüchen
in den unerwartetsten Augenblicken. Sie wirkte immer gekränkt,
gelangweilt, verächtlich, hochmütig. Und sie war dennoch ein
schüchternes Mädchen, das hinter seiner drohenden, aggressiven
Miene eine Gutgläubigkeit verbarg, eine spröde Schamhaftig-
keit, die Begeisterung des einfachen Mädchens aus dem Volk
und das warme, volle Gefühl einer wahren Frau, wie man
ihr öfter begegnen möchte. Ich habe an sie eine schöne und
zärtliche Erinnerung. Während ich ein wenig mit Pinelli plau-

derte, entwarfen wir geschwind eine kleine Geschichte, die uns gut erschien. Es war die Geschichte einer aggressiven, aber sehr sentimentalen kleinen Hure, die eines Abends beim Spazierengehen über die Via Veneto eine wundervolle Frau in einem Nerz wütend aus einem Nightclub kommen sieht, der ein Mann im Smoking folgt, groß, stark; ein Star, der damals sehr populär war. Der Mann ist mit der Frau, seiner Geliebten, in einen heftigen Streit verwickelt, und zum Schluß ohrfeigt er sie. Als er dann wütend in seinen ungeheuren Cadillac steigt, fängt er den verträumten, verwirrten Blick der kleinen Dirne auf, die dem Wortwechsel beigewohnt hat, als wäre er der Höhepunkt in einem Film. Aus einer plötzlichen Laune provozierender Zurschaustellung heraus läßt der Star das Hürchen in seinen Wagen steigen und bringt es zu sich nach Hause, in eine luxuriöse, phantastische Villa, wo er ein Essen, vorwiegend aus Langusten und Champagner, auftragen läßt. Aber als die beiden sich gerade zu Tisch setzen wollen, taucht die Geliebte wieder auf, die entschlossen ist, den Streit fortzusetzen. Der Mann beeilt sich, die kleine Dirne ins Bad einzuschließen, und sie hört von dort aus, fasziniert und gespannt, begierig der Begegnung zu. Aber schon streiten die beiden nicht mehr, die Stimmen haben an Lautstärke abgenommen, es treten lange Pausen ein ... Auf dem Marmorfußboden der Toilette kniend, das Auge an das Schlüsselloch gepreßt, das die Szene wie eine Filmeinstellung einrahmt, sieht unser Hürchen die beiden Liebenden sich einander in die Arme werfen, sich leidenschaftlich küssen und die ganze Nacht hindurch miteinander Liebe machen. Am Morgen darauf schafft sich der Star die unglückliche Zuschauerin vom Hals, indem er ihr ein paar Tausendlirescheine in die Hand drückt.

Ich erzählte der Magnani diese Episode so gut ich konnte, wobei ich bei der Beschreibung die Einzelheiten hervorhob, die ganz bestimmt einer Schauspielerin Appetit machen würden: die Frisur, ihre Art, sich anzuziehen, wie sie gehen müßte, und ich unterstrich dabei alle besonders rührenden und komischen Momente, die die Geschichte hergeben konnte. Aber aus der mehr und mehr reservierten Miene, die Anna an den Tag legte, aus dem heftigen Interesse, mit dem sie dabei verweilte, sich ihre Fingernägel zu besehen, aus einem kleinen, mit Mühe unterdrückten Gähnen und auch aus bestimmten Seufzern voll geheimer Bitterkeit bemerkte ich, daß sich die Geschichte und die

Figur nicht ihrer Sympathie erfreuten und schließlich unterbrach sie: »Ach Federi, glaubst du denn, daß eine wie ich sich von einem Arschloch von Schauspieler ins Klo sperren läßt?« Ich guckte Rossellini hilfesuchend an. Roberto zündete sich eine Zigarette an und fragte mich, ob ich eine andere Idee hätte. Wir hatten keine, wenigstens im Moment nicht.

Es war nur ein paar Tage später, als ich ihr eine andere Geschichte vorschlug, die einer Irren, einer Armen im Geiste, einer Verrückten, die sich von einem blonden, bärtigen Landstreicher schwängern läßt, den sie für den heiligen Joseph hält; und als sie später, allein wie ein Hund, im Glockenturm einer verlassenen Kirche mitten in den Bergen niederkommt, glaubt sie in ihrem unglückseligen Wahnsinn, ein göttliches Geschöpf zur Welt gebracht zu haben. Diesmal sagte Anna, tapfer ihre Rührung verbergend, am Schluß meiner Erzählung: »Oh, jetzt haben wir's! Bravo! Ja, das ist eine Rolle für mich. Komm her, laß dir'n Kuß geben. Roberto, gib du ihm auch einen!« Wir küßten uns alle drei sehr ergriffen. Vielleicht haben Sie den Film gesehen, er scheint mir einer der schönsten von Rossellini zu sein, und die Magnani war außerordentlich.

Es vergingen einige Jahre. Ich schrieb mit Pinelli und Flaiano viele weitere Drehbücher. Darunter war auch der ›Sceicco Bianco‹, den ich selbst als Regisseur verfilmte. In einer nächtlichen Sequenz auf der Piazzetta, die vom Brunnenrauschen widerhallt, in einem monumentalen und elenden Rom, vertraut der Bräutigam, der von seiner Frau während der Hochzeitsreise verlassen worden ist, sein Drama schluchzend zwei mütterlichen und skeptischen Dirnen an (in jener Zeit kamen sie im italienischen Kino sehr in Mode), die ihm belustigt und geduldig zuhören und ihm Mut machen. Die eine enorm, monumental wie die Fassade der Kirche auf der Piazzetta, die andere sehr klein, mit Gummigamaschen, einem kleinen Cape aus Hühnerfedern, einem Regenschirm, den sie wie einen Säbel schwingt und runden, vor Neugier und Staunen ständig weit aufgerissenen Augen eines Nachtgeists. Während ich die Szene drehte, gab ich dieser Figur einen Namen, der im Drehbuch nicht existierte: Cabiria. Giulietta Masina spielte sie mit ihrer clownhaften und surrealen Begabung, und der ganze Schmerzensausbruch des Bräutigams, seine Tränen und seine Verzweiflung, die durch die schrullige Betroffenheit Cabirias kommentiert und mimisch begleitet wurden, durch ihr unschuldiges Lachen, die übertriebene Rührung, die stumme Mimik voller Teilnahme oder Neckerei, wurden in ihrem Ton und in ihrer Dimension so grotesk, erschütternd und komisch, daß ich das sichere Gefühl bekam, daß in dieser Nacht da eine kleine Gestalt entstanden war, die denselben Grad an Sympathie bekommen, unterhalten und rühren konnte wie Gelsomina in ›La Strada‹.

Cabiria begann in der Tat, mir Gesellschaft zu leisten, ich dachte oft an sie. Um sie bei Laune und ruhig zu halten, versprach ich ihr einen Film ganz für sie allein.

Einige Zeit danach, als ich eine Sequenz von ›Il Bidone‹ zwischen den alten Mauern des antiken römischen Aquädukts drehte, bemerkte ich abseits von den anderen Baracken eine winzige verfallene Bude, wie man sie sich elender und ärmer nicht vorstellen konnte. Ein Ding wie aus einem Zeichentrickfilm. Eine Art Hundehütte, die aus Blechplatten und alten Obstkisten gebaut war. Ich ging ungläubig näher, beugte mich zur Tür hinab und steckte den Kopf hinein. So absurd sie auch als Behausung war, das Innere der Hütte war von peinlicher Sauberkeit: geblümte Gardinen an den Fenstern (Fenster?), Tiegel und Pfännchen, verbeult aber blankgeputzt, in schöner Ordnung an der Wand, und ein eisernes Tischchen mit einer Marmorplatte wie bei den Tischchen der Straßencafés, mit einem bestickten Deckchen und einem Väschen mit Margeriten. Am Boden saß auf einer Kindermatratze eine Frau, die Besitzerin, die, als sie mich sah, sich auf einen Haufen Kartoffeln stürzte und begann, diese mit solcher Heftigkeit nach mir zu werfen, daß ich gezwungen war, mich fluchtartig zurückzuziehen und eilig von der Hütte zu entfernen, von Geschrei und tödlichen Beleidigungen verfolgt.

Man erklärte mir, daß die Frau, eine Prostituierte der untersten Kategorie, seit einiger Zeit verzweifelt war, weil sie ein Papier erhalten hatte, in dem ihr mitgeteilt wurde, daß sie ihr ›Haus‹ niederreißen müsse, weil es unerlaubt dort stehe. Sie sollte also von dort weggehen, diesen Unterschlupf, der für ein Tier taugte, verlassen, weil sie keine Erlaubnis hatte, es war kein Gesuch eingereicht worden, es war der Gemeindeverwaltung kein Bauplan eines Architekten vorgewiesen worden. Die Arme, die sich an der Schwelle zum Irrsinn befand, hatte mich für einen Abgesandten des Bürgermeisters gehalten, der kam, um ihre

Hütte einzureißen. Erst gegen Abend, nachdem sie den ganzen Tag von weitem meine Arbeit als Regisseur inmitten meiner Truppe, der Schauspieler und Lampen beobachtet hatte, war sie überzeugt, daß ich es nicht auf sie und ihr Haus abgesehen hatte. Ich fand sie, wie sie um mein Auto herumstrich, nachdenklich und mißtrauisch und mit dem Gesicht von jemandem, der es kaufen möchte, aber argwöhnt, angeschmiert zu werden. Ich grüßte sie, sie antwortete mir kaum, ohne zu lächeln, so als wollte sie mir zu verstehen geben, daß es noch nicht angebracht sei, allzu viel Vertrauen zu zeigen. Sie fragte mich dann, welche Marke mein Auto sei und wieviele Kilometer es mit einem Liter fahre. Nun schaute sie mich mit einem Lächeln voller Mitleid, mißbilligend und belustigt an, wie wenn sie die Notwendigkeit nicht verstünde von Typen wie mir und von der Arbeit, die sie mich hatte verrichten sehen. »Mein Leben, das ist vielleicht ein Film«, sagte sie und schüttelte darauf den Kopf mit tiefer Überzeugung: »Aber was anderes als ›Die drei Musketiere‹!«

An den folgenden Tagen erzählte sie mir ein bißchen was aus ihrem Leben, wobei Episoden von grauenhaft brutaler Wirklichkeit aus einem ungezieferartigen Leben mit anderen abwechselten, von denen man klar erkannte, daß sie sie sich ausdachte, indem sie sie sich aus Filmen, die sie gesehen hatte, oder Comic-Heften, die sie gelesen hatte, auslieh. Eigensinnig bestand sie darauf, die einen mit den anderen zu vermischen, wobei sie alles aus dem quälenden Bedürfnis durcheinanderbrachte zu glauben, daß ihr unglückliches Leben so sei, wie sie es erzählte, indem sie es mit den naiven, sentimentalen Phantastereien ihres Kopfs bunt ausmalte, des armen Kopfs eines unwissenden und unglücklichen Mädchens.

Sehen Sie, so ist nach und nach ›Le notti di Cabiria‹ entstanden.

Federico Fellini

Drehbuch

Dieses Drehbuch, das den Sinn des Films, wenn auch nur in großen Zügen, wiedergeben sollte, ist für mich nichts weiter als eine Folge provisorischer Aufzeichnungen, damit ich an die Vorbereitung und Organisation des Films gehen kann. Meiner Gewohnheit entsprechend, behalte ich es mir vor, im Verlauf der Arbeit Szenen und Personen zu überprüfen, genauer festzulegen, zu verändern und zu ersetzen.

F. F.

Eine Schleife des Tiber zwischen San Paolo und der Magliana.
Außen. Tag.

Ein klarer Morgen im Spätfrühling.
Dem Tiberufer entlang, das nach und nach in eine trostlose
Landschaft übergeht, spaziert in der Ferne ein Paar: ein junger
Mann und ein Mädchen (Cabiria); sie halten sich bei der Hand.
Es herrscht tiefe Stille. Man hört nur die heiseren Schreie der
Möwen, die über dem Fluß kreisen, bei der Mündung einer
Kloake.
Nun steht das Paar dort hinten still. Cabiria zeigt auf etwas am
Himmel, macht einige Tanzschritte um ihren Begleiter herum
und tritt dabei an den äußersten Rand, wo das Ufer senkrecht
zum Wasser abfällt. Man hört undeutlich ihre Stimmen.
Cabiria wendet sich um und spricht lebhaft zu ihrem Begleiter.
Sie bückt sich, hebt einen Stein auf und wirft ihn ins Wasser.
Dann reicht sie dem Begleiter ihre Handtasche, die sie behindert,
bückt sich wieder und wirft einen zweiten Stein.
Hinter Cabirias Rücken sehen wir einen Augenblick lang den
Burschen bewegungslos dastehen: gedrungener Hals, ernstes,
seltsam gedankenverlorenes Gesicht. Er schaut sich um.
Wieder sehen wir die beiden in der Ferne am Steilufer. Cabiria
schickt sich an, einen dritten Stein zu werfen.
Unversehens gibt ihr der Bursche einen Stoß. Cabiria fuchtelt
mit den Armen in der Luft herum, versucht das Gleichgewicht
wieder zu erlangen, dann plumpst sie in den Fluß.
Ohne sich umzusehen, läuft der Bursche rasch dem Ufer entlang
davon, der Straße zu. Nur einen Moment dreht er sich um,
überblickt die Situation, dann läuft er weiter und verschwindet.
Nahe am Ufer taucht Cabirias Kopf aus dem schlammigen Wasser. Sie keucht und fuchtelt herum beim Versuch, sich an einen
Strauch zu klammern. Dabei ruft sie mit erstickter Stimme, fast
so, als wolle sie den Burschen beruhigen.
    Cabiria: Giorgio, hier bin ich! Es ist mir nichts passiert!
(dann, in plötzlichem Schrecken, lauter) Giorgio!
Sie schreit und sucht mit den Händen fieberhaft nach einem
neuen Halt. Sie klammert sich an Grasbüschel, an Erdschollen,
sucht verzweifelt, sich ans Ufer hochzuziehen, und fällt wieder
zurück, so daß Wasser und Schlamm aufspritzen. Sie greift nach
einem Schilfrohr und zieht es zu sich heran. Das Rohr bleibt in

ihrer Hand; im selben Moment faßt die Strömung sie wieder und reißt sie hinab. Sie versinkt mit gurgelndem Laut, und einige Augenblicke lang markiert das in ihrer Hand gebliebene Rohr ihre weitere Spur.

Gegen die Mitte des Flusses hin taucht Cabirias Kopf wieder auf, jetzt mit einem Ausdruck des Schreckens. Sie spuckt, prustet und versucht mit letzter Kraft, sich über Wasser zu halten. Es gelingt ihr noch zu schreien.

Cabiria: Hilfe! Giorgio! Ich ertrinke!

Dann läßt sie sich erschöpft von der Strömung forttreiben.

Aus einem Gebüsch am jenseitigen Ufer taucht plötzlich ein etwa sechsjähriger Knabe auf. Er hat eine Hühnerfeder am Kopf festgebunden wie ein Indianer; er beginnt, dem Ufer entlang zu laufen parallel zu Cabirias Körper. Aus dem Fluß kommt wieder ein erstickter Schrei.

Cabiria: Ich ertrinke! . . .

Auch der Knabe schreit, um andere herbeizurufen.

Knabe: Hilfe! . . . da ertrinkt jemand! . . . Amilcare! . . .

Am gegenüberliegenden Ufer kommt ein Bursche aus einer Baracke. Er ist noch dabei, sich fertig anzukleiden, dies mit einer gewissen ländlichen Eleganz. Er trägt einen blauen Anzug. Er schaut in den Fluß und bemerkt Cabiria. Mitten in der Bewegung hält er inne, im Zweifel, ob er sich entkleiden oder direkt ins Wasser springen soll. Die Sache verdrießt ihn. Auch er beginnt, dem Ufer entlang zu rennen, dem Knaben dabei zurufend:

Bursche: Schon wieder so eine Verrückte! – Romolo, wo bist du? –

Ständig weiter laufend, schreit der Knabe vom andern Ufer herüber.

Knabe: Er ist nach Rom gegangen, aufs Standesamt! . . .

Bursche (im Weiterlaufen): Wenn sie zum Abzugskanal kommt, kommt sie nicht mehr hoch . . .

In der Flußmitte schlägt Cabiria um sich. Sie hat nicht mehr genug Atem zum Schreien. Sie verschwindet unter Wasser, taucht wieder auf und versinkt gurgelnd von neuem.

Die Strömung wird immer stärker. Sie treibt einer breiten, wirbelreichen Stelle zu, über der mit heiseren Schreien die Möwen kreisen.

Auf der völlig verlassenen Terrasse einer Trattoria auf dem

Damm hinter der Flußkrümmung erscheint ein Kellner und schaut beunruhigt aufs Wasser hinaus. Dann wendet er sich dem Haus zu.

Kellner (ruft): Signora!... ein Toter!...

Er läuft zum Fluß hinunter, während die Wirtin ganz aufgeregt auf der Terrasse erscheint.

Von der Terrasse der Trattoria aus sieht man die ganze Flußkrümmung. Der Kellner läuft zum Wasser hinunter; den beiden Ufern entlang laufen Amilcare und der Knabe. Undeutlich hört man ihre Stimmen. Nichts ist jetzt mehr zu sehen auf der Wasseroberfläche; nur einen Augenblick lang taucht ein Pünktchen auf und verschwindet wieder.

Auf einem großen, am Ufer verankerten Floß liegen drei etwa fünfzehnjährige Knaben an der Sonne, bewegungslos und vollkommen nackt. Sie haben die Augen geschlossen, als ob sie schliefen.

Plötzlich richtet sich einer von ihnen fast ruckartig auf, das Geschrei hat ihn aufmerksam gemacht. Er schaut zur Mitte des Flusses hinaus. Auch die beiden andern heben die Köpfe und blinzeln in die Sonne. Der erste hat etwas gesehen; er springt auf. Die andern tun es auch; sie wechseln kaum ein paar rasche Worte und springen alle drei, kurz nacheinander, ins Wasser. Mit erstaunlicher Geschicklichkeit schwimmen sie wie Fische gegen die Flußmitte, flitzen aus verschiedenen Richtungen auf Cabirias Körper zu, erreichen ihn und schneiden ihm den Weg ab. Sie packen das Mädchen an Haaren, Armen und Kleidern, heben es über Wasser und schleppen es so dem Ufer zu.

Trattoria Belvedere am Fluß. Außen. Tag.

Durch die Fenster der Veranda sehen wir Cabiria auf einem Tisch liegen, um sie herum eine Gruppe: Amilcare, der Knabe mit der Feder, die drei Retter, der Kellner, die Inhaberin der Trattoria, ein Koch und andere Leute.

Ein Küchenmädchen nähert sich der Gruppe mit einem Glas Cognac in der Hand.

Trattoria Belvedere am Fluß. Innen. Tag.

Gerade in diesem Moment hat Cabiria die Augen wieder geöffnet und versucht, sich zu erheben. Sie trieft noch von Wasser, ihre Haare sind schlammverklebt. Ihr Blick schweift verstört in die Runde. Der Kellner versucht, sie wieder hinzulegen.

    Kellner: Trink! Es ist vorbei. Schluck's hinunter!

Cabiria trinkt einen Schluck.

Wie aus einer fernen Welt erreichen sie die Stimmen der Anwesenden; jeder macht seine unvermeidlichen Bemerkungen.

Cabiria erholt sich nach und nach, lebhafter zeichnet sich jetzt Angst auf ihrem Gesicht ab.

    Cabiria (mit rauher Stimme): Giorgio ... Wo ist Giorgio? Es ist mir nichts passiert ... (sie ruft) Giorgio!

Sie ist im Begriff, vom Tisch herunterzusteigen, wird aber zurückgehalten.

    Kellner: Bleib liegen! Wohin willst du?

    Cabiria: Wo ist Giorgio?

    Kellner: Was für ein Giorgio?

Cabiria windet sich, springt barfuß vom Tisch herab und läuft zu einem Verandafenster. Sie bleibt davor stehen und schaut auf den Fluß, ihre Augen sind noch voller Schrecken.

    Cabiria (schreit): Giorgio!

Plötzlich dreht sie sich um und schaut auf die Leute, die schweigend dastehen. Fast zu sich selbst und mit der Bestürzung dessen, der sich um einen andern ängstigt, sagt sie:

    Verdammt, der wird doch nicht ...

Und sie geht auf die Tür zu.

    Wirtin: Wo wollen Sie hin?

    Cabiria (ohne auf die Frage zu antworten oder sich an jemanden speziell zu wenden): Die Schuhe ...

Der Knabe mit der Feder, der einen von Cabirias Schuhen in der Hand hält, kommt zu ihr.

    Knabe: Da ist er. Nur noch einer.

Cabiria bückt sich, um in den Schuh zu schlüpfen. Sie hat einen leichten Schwindelanfall und sinkt in die Knie. Alle drängen sich um sie und heben sie wieder auf.

    Wirtin: Sehen Sie denn nicht, daß Sie noch nicht stehen können!

Sie heben sie auf und versuchen, sie zum Tisch zu tragen. Cabiria widersetzt sich störrisch. Die Magd kommt mit einem Handtuch und versucht, ihr den Kopf abzutrocknen.

Cabiria: Es geht . . . es geht . . . Ich will nach Hause . . .

Und während sie sich wütend losmachen will, stößt sie mit dem Fuß nach einem von denen, die sie zurückhalten.

Cabiria: So laß mich doch! . . .

Der Knabe, der den Fußtritt erwischt hat, reagiert wütend.

Knabe: Au! was denn! . . . Wir haben dich gerettet, hörst du . . .

Cabiria (aggressiv, mit zitternder, gereizter Stimme): Gut, ihr habt mich gerettet, vielen Dank . . . jetzt will ich nach Hause . . . (fast schreiend) In Ordnung?

Sie reißt sich vollends los und humpelt mit ihrem einen Schuh dem Ausgang zu. Wie sie durch die Tür gehen will, sieht sie sich zwei stattlichen Polizisten in hohen Stiefeln, Lederjacken und Helm gegenüber; sie wollen eben eintreten.

Cabiria zögert einen Augenblick, schlüpft dann zwischen den beiden Männern und der Wand hinaus. Der erste der beiden kapiert nicht, was vor sich geht.

Polizist: Was gibt's? . . .

Dann ruft er sofort hinter Cabiria her . . .

Polizist: He du. Wohin? . . .

Der Knabe, der die beiden Polizisten hergebracht hat, zeigt etwas erstaunt auf Cabiria.

Knabe: Das ist sie . . . Die dort . . .

Trattoria Belvedere. Außen. Tag.

Draußen hat sich Cabiria unverzüglich dem Ufer zugewandt, als wolle sie Giorgio suchen; doch gleich darauf bleibt sie verwirrt stehen und hört auf zu rufen.

Hinter ihr kommen die beiden Polizisten heraus, dann die andern. Cabiria bemerkt es.

Cabiria (hastig und ängstlich): Nichts, nichts . . . Es geht . . .

Und sogleich will sie zur Straße hinaufgehen. Der Polizist ruft sie zurück.

Polizist: Du, komm mal her!

Cabiria dreht sich um, während sie die Böschung zur Straße hinaufklettert.

Cabiria: Mir ist nichts passiert . . . bin hineingefallen . . .

Knabe (erstaunt): He, Cabiria! . . .

Polizist (wendet sich um und fragt neugierig): Wie heißt sie? . . .

Ein anderer Knabe antwortet.

Knabe: Cabiria! . . . Sie wohnt hinter der Tankstelle . . .

Kleiner mit Feder (präzisiert lebhaft): Sie geht auf den Strich . . .

Cabiria hat die Böschung erklommen und läuft, eilig und voller Angst, hinkend weiter; man sieht sie noch eine Weile, hört sie schimpfen, kann aber die Worte nicht verstehen.

Umgebung von Acilia. Außen. Tag.

Zwischen den wie Spielwürfel in den Feldern verstreuten Häuschen kommt Cabiria hinkend und immer verärgerter daher. Ihr ist kalt, sie klappert mit den Zähnen.

Cabirias Haus steht etwas von den andern entfernt, geschützt vor dem Wind durch den Damm einer im Bau befindlichen Straße. Der Ort scheint verlassen. Von irgendwoher kommt der Gesang einer Frau.

Cabiria nähert sich rasch ihrem Haus; sie drückt gegen die Tür in der Hoffnung, sie offen zu finden. Sie ist geschlossen. Cabiria ist einen Moment lang ratlos.

Cabiria (leise): Giorgio! Giorgio, mach auf, ich bin's!

Mit einem Lächeln, das Zuversicht vortäuschen möchte, wartet Cabiria einen Augenblick.

Da aber niemand antwortet, schlägt sie mit der Faust zweimal an die Tür. Immer noch bleibt es still. Das Lächeln verschwindet von ihrem Gesicht.

Rasch geht sie auf ein nicht weit entferntes kleines Haus zu, wo eine etwa fünfundzwanzigjährige Frau im Pyjama eine Matratze an der Sonne aufschüttelt und dabei singt. Es ist Wanda.

Wie diese sich umdreht, erblickt sie Cabiria, die noch tropfnaß und nur mit einem Schuh auf sie zukommt. Sie hört auf zu singen und schaut Cabiria mit offenem Mund an.

Cabiria: Ist Giorgio da?

Wanda betrachtet sie vom Kopf bis zu den Füßen und fragt langsam, erstaunt . . .

Wanda: Cabiria, was hast du denn gemacht?

Cabiria (schroff und aggressiv): Misch dich nicht ein, du . . . Wo ist Giorgio? . . .

Wanda schaut sie immer noch verwundert an; sie nähert sich ihr.

Wanda: Was für ein Giorgio?

Cabiria antwortet fast zornig, ihre Stimme zittert.

Cabiria: Mein Giorgio . . .

Sie wendet sich von ihr ab und kehrt zu ihrem eigenen Haus zurück. Wanda betrachtet sie erstaunt, dann folgt sie ihr langsam und erreicht sie in dem Augenblick, da Cabiria vor der verschlossenen Tür angehalten hat.

Wanda: Was ist denn mit dir los? . . .

Cabiria, die nicht hineingehen kann, bemüht sich nervös um Haltung. Besorgt insistiert Wanda.

Wanda: Komm, geh rein . . . trockne dich . . .

Cabiria (zornig): Ich hab doch keinen Schlüssel! . . .

Und plötzlich entfernt sich Cabiria von der Tür, geht ums Haus herum bis zum Fenster. Wanda folgt ihr.

Wanda: Wo hast du ihn?

Cabiria (immer noch zornig): In der Handtasche . . .

Cabiria öffnet das Fenster von außen und schickt sich an, hinaufzuklettern.

Wanda: Und die Handtasche? . . .

Cabiria (zornig): Die hat Giorgio! . . .

Sie schwingt sich aufs Fensterbrett und gelangt ins Haus; im selben zornigen Ton redet sie drinnen weiter.

Cabiria (off): Wir waren am Fluß, ja? . . . ich fiel rein . . . Und er hatte furchtbar Angst . . . da ist er abgehauen . . .

Wanda hört erstaunt zu; dann kehrt sie zur Tür zurück, bleibt davor stehen und klopft.

Wanda: Mach auf . . .

Schroff antwortet Cabiria aus dem Innern.

Cabiria (off): Ich will schlafen! . . .

Wanda insistiert.

Wanda (gefaßt): Mach auf . . .

Die Türe bleibt geschlossen; Wanda wartet ein wenig, dann fragt sie lauter.

Wanda: Wieviel war in der Handtasche? . . .

Schweigen. Beunruhigt geht Wanda zum Fenster, blickt forschend durch die Scheiben, ohne jemanden zu sehen.

Sie hört, wie die Tür geöffnet wird und geht zurück vors Haus; auf der Schwelle erscheint Cabiria.

Sie trägt einen großen Morgenrock, in dem sie aussieht wie ein Kind, das zum Spaß die Kleider der Mutter angezogen hat. In der Hand hält sie Rock und Bluse, noch triefend naß, und sie breitet sie schweigend an der Sonne aus. Wanda schaut ihr zu, doch ihre unausgesprochene Frage wird von Cabiria ostentativ ignoriert. Sie sagt nur, indem sie sich ihr kaum zuwendet . . .

Cabiria: Wenn du Giorgio siehst . . . ich bin da . . .

Sie kehrt ins Haus zurück und schlägt die Tür zu.

Erstaunt und ohne ein Wort zu sagen, geht Wanda weg; sie wendet sich noch einmal um und schaut zum Haus.

Cabirias Haus. Innen. Nacht.

Es ist Abend. Die Häuser des Dorfes sind erleuchtet, und auf dem Feldweg bringt ein Knabe einem andern das Radfahren bei. Durch die Stille hört man einzig ihre lauten, fröhlichen Rufe.

Wanda kommt aus ihrem Haus heraus. Sie ist jetzt gut angezogen, stark geschminkt, trägt Handtasche und Schirm. Sie schaut zum Himmel auf und bekreuzigt sich, wie jedes Mal, wenn sie zur Arbeit geht.

Sie kommt an Cabirias Haus vorbei, und da sie die Tür offen sieht, hält sie inne, steigt die Stufen hinauf und bleibt in der Türöffnung stehen, sich an deren Pfosten lehnend.

Im Innern herrscht fast völlige Dunkelheit. Man sieht Cabiria auf dem Bett liegen. Sie raucht. Ab und zu glimmt das Zigarettenende in der Dunkelheit auf und beleuchtet ihr Gesicht etwas. Cabiria bewegt sich nicht.

Wanda: Nun, was machst du?

Da Cabiria nicht antwortet, tritt Wanda ins Zimmer ein, nimmt die leere Kaffeetasse, die Zuckerdose und die Kaffeekanne vom Nachttisch und trägt alles zum Spültrog. Sie stellt die Zuckerdose an ihren Platz.

Wanda: Hast recht, es ist besser, du bleibst zu Hause . . .

Cabiria, mit finsterm Gesicht, schweigt immer noch. Wanda geht langsam im Zimmer herum, drückt ihr Mitgefühl etwas schwerfällig aus, aber es ist gut gemeint.

Wanda: Leg dich richtig ins Bett . . . schlaf dich gut aus
. . . und heute nacht, wenn ich zurückkomme, besuche ich
dich . . .

Sie hat sich dem Bett genähert und zeigt auf das Aspirinröhr-
chen auf dem Nachttisch.

Wanda: Warum hast du kein Aspirin genommen? . . .

Sie reicht es ihr.

Wanda: Nimm ein Aspirin . . .

Cabiria, die starr und gespannt dagelegen hat, schlägt sie auf die
Hand.

Cabiria (aggressiv, mit vor Erregung heiserer Stimme):
Willst du mir einen persönlichen Gefallen tun? . . . Such
irgendeine Ausrede und geh! (beinahe hysterisch) Geh! . . .
Glaubst du, ich glaube, du seist eine Freundin? . . .

Wanda, zutiefst beleidigt, aber würdevoll, greift nach ihren
Handschuhen, ihrer Tasche und geht ohne zu antworten zur
Tür; Cabirias Stimme wird noch hysterischer.

Cabiria: Und komm ja nicht mehr zu mir, Butagas holen
und das Thermometer und dies und das!

Auf der Schwelle dreht sich Wanda um.

Wanda: Wer will denn Butangas von dir? . . .

Und sie geht hinaus.

Cabirias Haus. Außen. Nacht.

Wanda entfernt sich im Dunkeln; da erscheint Cabiria ungestüm
unter der Tür, mit vor Verzweiflung heiserer Stimme schreit sie
ins Dunkel hinaus, und es klingt fast wie eine Frage.

Cabiria: Sowas . . . Wegen vierzigtausend Lire wirft mich
einer in den Fluß! . . . Läßt mich ertrinken und sterben? . . .
Für vierzigtausend Lire?

Wanda bleibt stehen, dreht sich halb um und antwortet aus der
Ferne laut und gelassen.

Wanda: Auch für fünftausend . . . heutzutage . . . Verrücktes Huhn! . . .

Cabirias Stimme wird noch lauter.

Cabiria (schreiend): Einer, der mich gern hat? . . .

Wanda dreht sich zornig um.

Wanda: Was gern? . . . Kaum einen Monat kennst du

ihn!...Kennst nicht einmal seinen Familiennamen...
Weißt nicht, wo er wohnt...Er hat dich in den Fluß
geworfen, kapierst du das? Und du hast Glück gehabt, ich
hätte dir noch den Kopf unters Wasser gedrückt, so einer
wie dir!

Und sie entfernt sich entrüstet. Im Dunkeln hören wir sie noch
einmal rufen.

Wanda: Verrücktes Huhn! Geh, zeig ihn an!...

Cabiria (schreit): Ich geh doch keinen verpfeifen!

Wanda (von weitem): Geh, zeig ihn an!

Einen Augenblick lang herrscht tiefe Stille. Cabiria ist wie ver-
steinert, dann beginnt sie mit zitternder, leiser Stimme wieder
zu sprechen, als streite sie immer noch mit Wanda, die freilich
schon weit weg ist.

Cabiria: Wieso denn?...Entschuldige, war das nötig?...
Ich gab ihm alles!...Was er von mir wollte, das hab ich
ihm gegeben!...

Wieder Stille. Cabiria wendet sich um, dem Innern des Hauses
zu, und dreht das Licht an. Von den Wänden, vom Tischchen,
von der Kommode starren sie zehn, zwölf Fotos eines untersetz-
ten Flegels – in Badehosen, in Motorradfahrer-Jacke, in verschiedenen Posen, ganze Figur oder Brustbild – stumm an.

Einen Augenblick lang schaut Cabiria sie an, dann, als bitte sie
Giorgio um Beistand gegen Wanda, weist sie mit dem Kopf her-
ablassend mitleidig nach draußen.

Cabiria: Tss!...

Aber diese starren und stummen Blicke erfüllen sie mit Eises-
kälte. Rasch löscht sie das Licht wieder.

Sie kommt auf die Treppe heraus und kauert sich hin. Der Himmel ist voller Sterne.

Die kleinen Häuschen liegen in tiefer Stille da; ein paar Fenster
sind matt erleuchtet. Aus einem Radio ertönt eine Melodie, vom
Wind stoßweise hergetragen. Cabiria hört zu. Sie wird immer
verstörter. Sie hebt den Blick zum Himmel; fassungslos betrachtet sie die Sterne.

Cabiria (murmelt): Und wenn ich gestorben wäre?...

Schauder schüttelt sie. Ein plötzlicher Schreck überfällt sie.
Hastig, als suche sie Hilfe, tastet sie in einer an die Stufen gelehn-
ten Kiste herum und zieht ein verschlafen gluckerndes Huhn heraus. Sie nimmt es in den Schoß, streichelt es, drückt es an sich.

Ihr Ausdruck verdüstert sich. Plötzlich wirft sie das Huhn von sich, springt auf und geht ins Haus.

Sie dreht das Licht an, packt entschlossen die Fotos, öffnet die Schubladen, zieht Krawatten, einen Hut, ein Paar Hosen heraus.

Cabiria (leise, zornig, mit unterdrückter Wut): Luft! . . . Schluß! . . . Nie mehr . . . Fertig! . . .

Sie ergreift die Bilder und die Kleidungsstücke, macht daraus ein Bündel, nimmt Streichhölzer, eine Flasche Benzin und geht wieder hinaus. Ihre Bewegungen werden zusehends nervöser und zorniger.

Im Dunkeln geht sie zehn Schritte, wirft das Bündel auf den Boden und gießt Benzin darüber. Dann zündet sie ein Streichholz an und wirft es auf das Bündel. Augenblicklich lodert die Flamme auf. Cabiria tritt zwei Schritte zurück und betrachtet das Feuer.

Fast gleichzeitig werden helle Freudenschreie laut. Vier oder fünf Kinder, die in der Nähe gespielt haben, laufen herbei und tanzen um das Feuer. Und während Cabiria, ohne den Blick von der Flamme zu wenden, zu ihrem Haus zurückgeht und sich wieder auf die Stufen setzt, hüpfen die Kinder schreiend herum und nähren die Flamme mit Holzstückchen und Papierfetzen, die sie zusammensuchen.

In Gedanken versunken schaut Cabiria dem Spiel zu. Traurigkeit verschleiert ihren Blick. Sie bemüht sich, nicht zu weinen.

Passeggiata Archeologica. Außen. Nacht.

Die legendäre Passeggiata Archeologica[1]. Es ist Nacht. Im Dunkel unter den Bäumen und im Licht der Laternen stehen Grüppchen von Männern und Frauen: Kunden, Hürchen, Halbstarke, Soldaten und junge Zuhälter. Eine Gruppe von Mädchen, unter denen wir Wanda erkennen, steht im Kreis um einen nagelneuen Fiat 600.

Auf der andern Seite der Allee geht Mathilde, eine Prostituierte

---

1 Wörtlich: Archäologische Promenade. Gemeint ist die Allee, die der altrömischen Stadtmauer entlang von den Caracalla-Thermen zur Via Appia Antica führt.

mit gewaltigen Körperformen, allein auf und ab, wie ein Tier im Käfig.

Ein kleines Motorrad biegt mit großer Geschwindigkeit in die Allee ein. Hinter dem jungen Fahrer im Pullover sitzt Cabiria, sie klammert sich an ihn. Mit scharfem Bremsen hält das Motorrad vor der Gruppe um den Fiat 600. Cabiria steigt ab. Der Junge, der sie gebracht hat, fährt wieder los, ohne sie zu grüßen.

> *Cabiria:* Ciao Moretto! . . . Geh zurück zu deiner Prinzessin! . . . Und danke für die Fahrt! . . .

Wanda, die bei den andern Mädchen steht, sieht Cabiria.

> *Wanda:* Cabiria, Marisa ist da mit ihrem Fiat! . . .

Aufgeregt und neugierig nähert sich Cabiria rasch der Gruppe.

Auf dem gegenüberliegenden Trottoir hat Mathilde, finster und bös wie immer, mit giftigen Augen Cabirias Ankunft verfolgt.

> *Mathilde* (brummt vor sich hin): Da ist sie wieder, diese Verrückte! . . .

Indessen betrachtet Cabiria voller Bewunderung den Wagen.

> *Cabiria:* Herzig . . . Ich an deiner Stelle hätte aber einen grauen genommen, das ist gediegener . . .

Ein anderes Hürchen, das sie die Französin nennen . . .

> *Französin:* Rot wäre schön gewesen . . . zweifarbig . . .

Marisa (ein junges blondes Hürchen, die Besitzerin des Wagens) hört sich mit geringschätziger Miene die Kommentare der Kolleginnen an und bläst dabei den Zigarettenrauch in die Luft; ihr Freund und Zuhälter Amleto räkelt sich geschniegelt und blasiert im Wagen.

> *Marisa:* Zweifarbig, das ist was für Provinzler!
> *Cabiria:* Hast du auch Radio? Schalt doch an!

Mit prahlerischer Gleichgültigkeit schaltet der Zuhälter lässig das Radio ein. Vom andern Trottoir ertönt aus dem Dunkel wieder Mathildes wütende Stimme; diesmal gegen Marisa gerichtet.

> *Mathilde:* Ich weiß schon, wie die da zu ihrem Wagen kommt! (Aus vollem Halse schreiend) Mit Kokain!

Rasch packt Amleto Marisa, die sich auf Mathilde stürzen will, beim Handgelenk.

> *Amleto* (mit unheimlicher Ruhe): Bleib still! Bleib da! Laß sie . . .

Aus dem kleinen Radio erklingen die Rhythmen eines Mambo. Cabiria deutet ein paar Tanzschritte an, ein wenig spitzbübisch in ihrer kindlichen Unbeholfenheit. Die Musik lockt die Burschen herbei, die sich etwas abseits gehalten haben. Einer von ihnen nähert sich tanzend Cabiria.

Lucicotto: Tanzen wir, Cabi? Mit mir triffst du's gut, bin das beste Tanzbein von Rom. (Laut schreiend) Mambooo!

Cabiria ist sofort dabei. Sie tanzt mit Lucicotto, übertrieben die Beine schlenkernd. Ihre Kolleginnen und die andern Burschen bilden einen Kreis um die beiden Tänzer.

Vom andern Trottoir aus schaut Mathilde mit scheelen Blicken zu, dann kocht die Wut in ihr über, und sie beginnt laut zu zetern.

Mathilde: Da schau doch, solche Leute läßt man auf der Straße herumlaufen! Diese Mondsüchtige! Muß schon fragen, warum man die nicht einsperrt, zur Beobachtung!

Noch ungestümer tanzt Cabiria weiter, da sie begreift, daß ihre Fröhlichkeit Mathilde noch mehr ärgert.

Ein Auto fährt die Allee entlang, von innen öffnet jemand den Schlag und winkt. Schwänzelnd, aber etwas mühsam wegen der ewig schmerzenden Füße, laufen Wanda, die Französin und ein anderes Mädchen (Patrizia) herbei. Auch Mathilde beeilt sich schwerfällig, aber sie kommt zu spät, denn schon nach kurzer Verhandlung fährt der Wagen mit Patrizia und der Französin wieder weg.

Wanda auf der einen Seite, Mathilde auf der andern kehren enttäuscht auf ihre Plätze zurück.

Cabiria hat aus dem Augenwinkel Mathildes Niederlage verfolgt, und immerzu tanzend lacht sie zu ihr hinüber.

Cabiria: Ah, wenn ich fünfundzwanzig Kilo leichter wäre! Mambooo!

Lucicotto: Mambooo!

Mathilde (im Dunkeln): Du mit deinem Hirnschaden!

Lucicotto: Ah, Cabi, so was läßt du dir sagen? Was hat denn die mit dir?

Cabiria (immerzu tanzend): Was weiß denn ich? Ich bring sie einfach in Wut!

Mathilde (die es gehört hat): Du ekelst mich an!

Aus dem Grüppchen der Burschen erheben sich Stimmen, die Cabiria anstacheln, auf die Beleidigung zu reagieren.

Burschen: Hast du gehört, was sie gesagt hat? – Ah, Cabi, das steckst du ein?

Mathilde ist vom Trottoir herunter und ins Licht gekommen, sie zeigt auf Cabiria und beginnt wieder laut zu schreien.

> *Mathilde:* Da, seht sie euch an! Oh, hast wieder einen neuen Schmachtlappen gefunden, der dir sagt (komisch die Stimme verstellend) ›Ich liebe dich‹ ... Und dann schickt er dich in der Gegend herum, Almosen betteln wie die Franziskaner! Hast sie gesehn, die Franziskaner mit ihrer Büchse? (Sie äfft die um Almosen bittenden Franziskaner-mönche nach.) ›Übt Barmherzigkeit! Bei eurem guten Her-zen!‹ ... Um der Liebe meines Giorgio willen ...

Schlagartig hört Cabiria auf zu tanzen, sie ist tief verletzt; und noch bevor man sie zurückhalten kann, springt sie wie eine Katze auf Mathilde los und wirft sich ihr mit gesenktem Kopf entgegen.

Die beiden Frauen raufen sich wild. Wanda eilt herbei und ver-sucht, sie zu trennen, während die Burschen sie grinsend, mit grausamem Vergnügen umringen.

Wanda gelingt es, Cabiria schließlich Mathildes Umklammerung zu entreißen.

> *Wanda* (wütend zu den Burschen): Helft mir doch! Elendes Pack!

Sie zeigt auf den immer noch im Wagen ausgestreckten Amleto.

> *Wanda:* Schaut, der rührt keinen Finger ...

Sie zerrt Cabiria zum Wagen und stößt sie mit aller Kraft hin-ein, während Mathilde wütend zu einem neuen Angriff ansetzt.

> *Wanda* (zu Marisa): Laß den Motor an, fahr los! Bring sie fort! Fahr sie ein bißchen spazieren.

Marisa aber möchte aussteigen, um sich auch mit Mathilde her-umzubalgen, die jetzt den Wagenschlag zu öffnen versucht und dabei fürchterlich obszöne Drohungen ausspuckt. Schließlich greift Amleto ein. Indem er Marisa mit zwei Fingern einen trockenen Schlag auf den Hals versetzt, zwingt er sie, den Motor anzulassen und wegzufahren.

> *Amleto:* Fahr schon!

Der Fiat fährt an, gewinnt rasch an Tempo, während Mathilde riesengroß im Schatten der Allee steht und schimpft.

Marisas Auto. Innen. Nacht.

Der Fiat 600 fährt durch die Straßen dem Zentrum zu. Marisa sitzt am Steuer, der Mann, mit zufriedenem Ausdruck, immer noch neben ihr. Hinten sitzt, düster und verschlossen, Cabiria. Ohne sich umzuwenden, fragt der Zuhälter . . .

> *Amleto:* Wo sollen wir dich ausladen, Cabiria?
> *Cabiria* (brüsk): An der Via Veneto . . .
> *Amleto* (lachend): An der Via Veneto? Was bist denn du? Poppea?

Er dreht sich halb auf dem Sitz um, betrachtet sie einen Augenblick und fährt in beinah väterlichem Ton fort.

> *Amleto:* Hör mal, Cabi, ich muß nächstens einmal ernsthaft mit dir reden . . . Du fängst es nicht richtig an, weißt du . . . Wer deckt dir den Rücken? Siehst du, wie Marisa und ich gut vorwärts kommen? Siehst du, wie unsere Gesellschaft floriert? Schau nur, wie Marisa in Ruhe arbeiten kann. Such mir einen in ganz Rom, der ihr ein Haar krümmt! Und warum?

Cabiria antwortet nicht; ihr Gesicht ist verkrampft.

> *Amleto* (insistiert): Los, sag, warum? . . .
> *Cabiria* (plötzlich): Laß mich aussteigen.

Amleto hebt seufzend die Achseln, dann wendet er sich erneut ihr zu.

> *Amleto:* Los, sag schon, was willst du an der Via Veneto? Weißt du nicht, daß man sich an der Via Veneto wie bei der Villa Borghese den Platz erkämpfen muß? Warum suchst du dir nicht auch einen tüchtigen Jungen wie mich? . . .

Cabiria antwortet nicht.

> *Amleto:* He, hast du das in den falschen Hals gekriegt?
> *Marisa* (besänftigend): Laß doch.
> *Cabiria* (angriffiger): Laß mich aussteigen, ja! Deine Ratschläge brauch ich nicht . . . (ausbrechend) denn ich, eher als mit meiner Arbeit so einem Ekel Essen und Trinken verschaffen . . . (sie bricht ab.)

Er schnellt herum. Cabiria berührt die Schulter der laut lachenden Marisa.

> *Marisa:* Das wär's für heute.
> *Cabiria* (schroff): Laß mich aussteigen, es ist besser.

Der Zuhälter, plötzlich erzürnt, wendet sich an Marisa und knirscht ...

Amleto: Ja, es ist besser ...

Marisa hält den Wagen an.

Marisa (halb scherzend zu Cabiria): Ja, ja, wenn du nicht aufpaßt, triffst du eines Tages noch den Freier mit dem Hackebeilchen.

Cabiria steigt eilig aus; ihr Gruß hat etwas Aggressives und klingt zugleich so, als ob sie sich über die andern lustig mache.

Cabiria: Ich grüße die Herrschaften! ...

Und sie entfernt sich. Der Wagen fährt wieder los.

Noch immer übellaunig und gespannt wandert Cabiria die Via Veneto hinauf. Zwei sehr elegante Huren spazieren langsam an ihr vorbei und mustern sie mit feindseliger Ironie; Cabiria sieht sie herausfordernd an und entfernt sich würdevoll. Hinter ihrem Rücken hört man die beiden lachen. Cabiria tut so, als habe sie nichts gehört und geht weiter.

Kino Rivoli. Außen. Nacht.

Cabiria kommt an einem vornehmen Kino vorbei. Die Straße ist auf beiden Seiten von parkierten Luxuswagen besetzt; ein ausnehmend elegantes Publikum geht durch die großen Kristallglastüren ein und aus.

Cabiria bleibt stehen, um sich alles anzusehen: sie betrachtet die Wagen, die eleganten Leute, den luxuriösen Eingang; das augenfällige Mißverhältnis zwischen ihrer Person und diesem Ambiente stört sie in keiner Weise.

Ein wenig feindselig, mit gespielter Überlegenheit, mustert sie die Damen; beim Anblick einer wunderschönen Dame von auffallender Eleganz brummt sie sogar sarkastisch etwas vor sich hin.

Cabiria: Wer bist du schon? ... Eitle Pute!

Abschätzige Gleichgültigkeit zur Schau tragend, steht sie da und betrachtet die Kinoplakate und die Fotos. Die ganze Reklame gilt einem berühmten Star: jung, schön und unwiderstehlich. Eine ganze Weile betrachtet ihn Cabiria hingerissen. Dann rafft sie sich auf und geht ein paar Schritte weiter auf dem

Trottoir. Sie wird von einer Jazzmusik angezogen, die gedämpft hinter einer kleinen Kristallglastür hervor tönt; Cabiria hat sie vorher nicht bemerkt. Sie bleibt stehen und hört zu; sie hebt den Blick zum fluoreszierenden Schild über der Türe: ›KIT-KAT‹.

Vor der kleinen Türe ist ein gigantischer, beträßter Portier erschienen. Er sieht Cabiria und fängt an, sie schweigend zu fixieren. Auch Cabiria fixiert ihn; erst ist sie fasziniert von seiner imposanten Erscheinung und seiner Uniform, dann aber wird sie immer nervöser unter dem stummen, bestimmt nicht wohlwollenden Blick.

Nach einer Weile bedeutet ihr der Portier mit langsamer Geste, sie möge sich entfernen.

Cabiria, die schon darauf gefaßt war, reagiert aggressiv.

> *Cabiria:* Nicht einmal schauen darf man? . . . ich schaue ja nur . . . Dicksack! . . .

Der Portier macht eine kleine Bewegung auf sie zu und sagt müde . . .

> *Portier:* Geh weg . . .

Da öffnet sich hinter ihm die Tür; eine schöne, elegante Dame und ein ebenso eleganter, gut aussehender Mann stürzen heraus.

Sogleich vergißt der Portier Cabiria, nimmt die beträßte Mütze ab und beeilt sich, das Paar zu einem funkelnden Amerikanerwagen zu begleiten, der auf der andern Seite der Straße steht. Die Frau fegt wie ein Windstoß an Cabiria vorbei und läßt sich nicht aufhalten. Der Mann dagegen bleibt einen Moment stehen und ruft mit einer vom vielen Trinken rauhen Stimme seine Begleiterin.

> *Schauspieler:* Jessy! . . .

Verdattert starrt Cabiria in das Gesicht des Mannes, der neben ihr steht: sie erkennt den Schauspieler, dessen Bild sie kurz vorher bewundert hat.

Der Schauspieler bemerkt sie nicht einmal; er folgt der Frau, die, ohne sich umzuwenden und ohne ihm zu antworten, den Wagen erreicht hat.

Nervös versucht sie jetzt, die Tür zu öffnen; der Portier, seine Mütze in der Hand, hilft ihr dabei.

Der Schauspieler hat sie eingeholt und packt sie am Arm.

> *Schauspieler* (mit unterdrückter Wut, halblaut): Willst du jetzt aufhören? . . .

Jessy reißt sich los, schlüpft in den Wagen.

Jessy (heftig, aber verhalten): Laß mich! . . .

Der Mann beugt sich etwas in den Wagen hinein; der Streit nimmt einen immer schärferen Ton an. Der Mann versucht, die widerstrebende Frau herauszuziehen.

Schauspieler: Komm sofort wieder rein . . . dumme Ziege!

Die Frau reißt sich los.

Jessy: Gib mir die Schlüssel . . . Ich gehe . . . du Schwein! . . .

Und da der Schauspieler sie wieder packt, macht sie sich mit noch größerer Heftigkeit los.

Jessy: . . . Untersteh dich . . . Rühr mich nicht . . .

Und mit einer unerwarteten Bewegung versetzt sie dem Schauspieler eine schallende Ohrfeige. Der Mann reagiert mit einem Wutschrei.

Schauspieler: Jessy! . . .

Die Frau, noch aufgeregter als vorher, ruft fast hysterisch aus dem Wageninnern:

Jessy: Gib mir die Schlüssel! . . . Geh weg . . .

Der Schauspieler drängt sich mit Gewalt in den Wagen. Die Frau stößt einen hysterischen kleinen Schrei aus und rutscht auf den Nebensitz.

Jessy: Nein . . .

Der Portier mit der Mütze in der Hand hat immer am offenen Wagenschlag gestanden; jetzt schließt er ihn.

Aber fast im selben Moment öffnet sich die Wagentür auf der entgegengesetzten Seite, und Jessy will aufs Trottoir hinausspringen. Von innen versucht der Mann, sie zurückzuhalten. Man ahnt ein kurzes Handgemenge; man hört halberstickte, heftige Sätze.

Vom Trottoir aus verfolgt Cabiria die unerwartete Szene; sie ist verblüfft, aber auch brennend interessiert.

Cabiria (murmelt vor sich hin): Oho, die hauen sich . . .

Nach einem Moment der Ratlosigkeit faßt sich der Portier, geht um den Wagen herum, stellt sich neben die andere Tür und hält sie auf.

Ein wenig zerzaust und atemlos springt im selben Augenblick Jessy aus dem Wagen.

Der Schauspieler schaut heraus.

Schauspieler: Jessy, ich sag dir's zum letzten Mal! . . .

Jessy: Feigling! . . .

Und Jessy entfernt sich auf dem Trottoir. Der Schauspieler springt jetzt auch aus dem Wagen, holt sie ein und packt sie.

So, Auge in Auge, wechseln die beiden, bleich und erregt, rasche, heftige Worte.

Schauspieler: Nimm dich in acht, Jessy, ich hab's jetzt satt . . .

Jessy: Du bist ein Schuft . . . ein Feigling . . .

Schauspieler: Ich hab's jetzt satt, Jessy, ich hab's jetzt satt! . . .

Jessy: Ein Feigling, ein Lügner . . . ein Lügner, ein Feigling . . .

Und nochmals versetzt sie ihm eine Ohrfeige; dann läuft sie rasch davon.

Cabiria auf dem gegenüberliegenden Trottoir lacht laut; sie amüsiert sich köstlich.

Dem Schauspieler hat es einen Moment lang den Atem verschlagen; ganz verstört schreit er dann hinter der auf dem Trottoir sich rasch entfernenden Jessy her, es sollte erleichtert klingen, aber seine Stimme ist rauh.

Schauspieler: Jetzt ist Schluß! Schluß! Ahhh! . . .

Er kehrt zum Wagen zurück, bleibt stehen und fährt plötzlich mit verhaltener Heftigkeit den Portier an, der immer noch neben dem Wagenschlag steht.

Schauspieler: Was willst du? . . . Gehst du jetzt? . . .

Mit einer leichten Verbeugung tritt der Portier zurück; der Schauspieler steigt in den Wagen und schlägt die Tür heftig zu. Die Niederlage des Portiers erhöht Cabirias Vergnügen; sie lacht boshaft.

Cabiria (halblaut): Da! . . . Friß! . . .

Die Stimme des Schauspielers unterbricht sie.

Schauspieler (off): He! Du! . . .

Das Lachen erstarrt sogleich auf Cabirias Gesicht; sie wendet sich halb dem Wagen zu, ohne recht zu verstehen.

Der Schauspieler schaut zum Wagenfenster heraus; er fixiert sie, sein Gesicht ist immer noch verzerrt. Er sagt noch einmal kurz, beinah brutal und mit einer kleinen Handbewegung . . .

Schauspieler: Du! . . . Steig ein . . .

Mechanisch tritt Cabiria einen Schritt vor und bleibt stehen: Sie begreift immer noch nicht, aber in unwillkürlichem Argwohn hat sich ihr Gesicht verdüstert.

Cabiria: Ich? . . .
Schauspieler (noch schroffer, ungeduldiger): Bist du taub? . . . Steig ein . . . Schnell! . . .
Und schon läßt er den Motor an.
Cabiria zögert einen Moment, dann – immer noch mit düsterem Gesicht und mißtrauisch – kommt sie zum Wagen und steigt ein. Die Tür wird heftig zugeschlagen, mit einem Ruck fährt der Wagen an und rast davon.

Auto des Schauspielers. Innen. Nacht.

Den Mund zusammengepreßt, fährt der Schauspieler mit großer Geschwindigkeit, ohne auch nur einen Blick auf Cabiria zu werfen. Mißtrauisch, mit finsterem Gesicht betrachtet ihn Cabiria im Halbdunkel.
Es sieht aus, als wolle sie sprechen, etwas fragen; aber sie wird daran gehindert, weil der Wagen so scharf wendet, daß die Räder kreischen.

Straßen in der Umgebung der Via Veneto. Außen. Nacht.

Der große Wagen biegt mit voller Geschwindigkeit in eine Querstraße ein; die Räder kreischen auf dem Asphalt. Dann fährt er sehr schnell geradeaus und biegt in eine andere Querstraße ein, wieder in die Kurve rasend. Erneutes langanhaltendes Kreischen der Räder. In dieser Straße fährt er nur wenige Meter weit, bremst scharf und hält an.

Auto des Schauspielers. Innen. Nacht.

Cabiria, die sich bereits an die Armlehne klammerte, vermag nur mit knapper Not zu verhindern, daß ihr Kopf an die Windschutzscheibe schlägt. Zornig wendet sie sich dem Schauspieler zu, der aber läßt ihr zum Sprechen gar keine Zeit. Er öffnet die Tür und steigt aus.
Schauspieler (kurz): Steig aus.
Cabiria ist versucht, sich zu widersetzen, aber schließlich hat sie

doch nicht den Mut, offen zu protestieren; sie beschränkt sich auf ein leises Murren, störrisch und ohne auszusteigen.

Cabiria: Was soll das? . . . So ein Trottel!

Die gebieterische Stimme des Schauspielers bewirkt, daß sie schleunigst aus dem Wagen springt.

Schauspieler: Los . . . Steig aus! . . .

Night-Club ›Picadilly‹. Außen. Nacht.

Kaum ist Cabiria draußen, knallt der Schauspieler hinter ihr den Schlag zu. Cabiria schaut sich um und versucht zu begreifen, wo sie sich befindet.

Der Schauspieler steht mitten auf der Straße, starrt ins Leere und zündet sich eine Zigarette an. In seinen Bewegungen ist er überraschend langsam geworden, wie geistesabwesend; offenbar beherrscht ihn einzig der Gedanke an das, was vorgefallen ist.

Dann plötzlich rafft er sich auf. Er bewegt sich wieder fahrig und nervös. Er bietet Cabiria eine Zigarette an.

Schauspieler: Willst du? . . .

Cabiria (nimmt die Zigarette): Danke.

Der Schauspieler gibt ihr Feuer; er wirft kaum einen Blick auf sie. Unversehens nimmt er sie am Arm.

Schauspieler: Komm! . . . Amüsieren wir uns!

Cabiria halb mitgeschleppt, stellt fest, daß er auf einen andern Night-Club zugeht. Wieder nimmt am Eingang ein betreßter Portier die Mütze ab und stößt die Türflügel auf.

Portier: Guten Abend, Commendatore . . .[1]

Der Schauspieler drängt Cabiria vor sich hinein und erwidert den Gruß mit einem knappen Fingerzeichen.

›Picadilly‹. Innen. Nacht.

Leise Musik dringt aus dem Saal in die Vorhalle. Cabiria ist sichtlich verlegen, will es aber nicht zugeben. Der Direktor, die Garderobenfrau und die vorbeiflitzenden Kellner grüßen den Schauspieler zuvorkommend, ehrerbietig.

---

1 Vom Präsidenten der Republik für besondere Verdienste verliehener Titel, ursprünglich ›Komtur‹, ›Ordensritter‹. Hier vermutlich als pure Schmeichelei verwendet.

Stimmen: Guten Abend, Commendatore ... Nehmen Sie Platz, Commendatore ... Guten Abend, Commendatore ...

Der Schauspieler antwortet kaum auf die Grüße und geht direkt auf den Saal zu; er bemerkt nicht einmal, daß die Garderobiere Cabiria zurückgehalten hat, um ihr den Schirm abzunehmen.

Garderobiere: Den Schirm, Fräulein ...

Cabiria gibt den Schirm ab, nimmt die Nummer, die das Mädchen ihr reicht, und sucht mit dem Blick den Schauspieler, der bereits in den Saal eingetreten ist.

Wie sie sich nun allein all den Blicken ausgesetzt fühlt, wird sie unsicher, geht in die falsche Richtung und verhaspelt sich in den schweren Türvorhängen; der Direktor greift ein und bringt sie, spöttisch lächelnd, auf den richtigen Weg.

Direktor: Hier durch, Fräulein ... Bitte ...

Verärgert und völlig verwirrt tritt Cabiria in den Saal. Der kleine Raum mit dem niedrigen Gewölbe und den Holzsäulen ist gedrängt voll. Einige Paare tanzen, fast immer auf demselben Fleck in der Mitte des Raums. Hinter einem Pfeiler hervor tönt die gedämpfte Stimme einer Sängerin. Das Licht ist schummrig. Cabiria schaut sich um; sie sieht den Schauspieler nicht. Wie sie seine Stimme hört, dreht sie sich um.

Schauspieler (off): Du ... Dingsda ...

Der Schauspieler hat sich in dem winzigen Barlokal installiert, welches in einem Seitenflügel des Saals liegt.

Er sitzt auf einem hohen Barhocker und ruft sie herbei, indem er auf einen andern Hocker weist.

Schauspieler: Setz dich hierher ... was trinkst du? ...

Dann, ohne eine Antwort abzuwarten, bestellt er beim Barmann.

Schauspieler: Scotch! ...

Während Cabiria auf den Hocker klettert und sich darauf zurechtsetzt, greift der Schauspieler nach dem Glas, das ihm der Barmann gebracht hat, und trinkt einen tüchtigen Schluck. Cabiria beachtet er gar nicht. Sie indessen, da sie sich jetzt in Sicherheit fühlt, ist bereits mit der Erforschung dieses unbekannten Ortes beschäftigt.

Mit kindlichem Interesse betrachtet sie die tanzenden Paare, die teuren Toiletten der Damen, die Ausstattung des Lokals und die Musiker.

Im Publikum hat man die Anwesenheit des Schauspielers bemerkt; eine elegante Dame zeigt ihn ihrer Nachbarin; viele Köpfe drehen sich nach ihm um.

Cabiria bemerkt es; sie ist verlegen und gleichzeitig geschmeichelt. Auch sie wirft einen Blick auf den Schauspieler und versucht zu lächeln, er nippt an seinem Scotch und starrt ins Leere. Der Barmann stellt ein Glas vor Cabiria hin; während sie es ergreift, nähert sich ein eleganter junger Mann dem Schauspieler und legt ihm vertraulich eine Hand auf die Schulter.

Junger Mann: Was machst du? . . .

Der Schauspieler dreht sich kaum nach ihm um und antwortet kurz.

Schauspieler: Ciao . . .

Junger Mann: Tony ist da . . . und Franca . . . Ein ganzer Tisch voll Leute . . . Warum kommst du nicht auch? . . .

Schauspieler (kurz): Danke . . . ich bin in Begleitung . . .

Er steigt vom Hocker und wendet sich an Cabiria, die gerade ihr Glas an die Lippen gesetzt hat.

Schauspieler: Tanzen wir . . .

Der junge Mann wirft überrascht einen Blick auf Cabiria und mustert sie. Cabiria stellt eilig das Glas hin und rutscht vom Hocker. Mit unbeholfenem Lächeln nickt sie dem Burschen zu und folgt dem Schauspieler auf die Piste. Er legt den Arm um sie und beginnt schweigend zu tanzen.

Viele Blicke – halb ironisch, halb verwundert – folgen den Bewegungen des Schauspielers mit Cabiria. Sie bemerkt es. Er dagegen nicht, oder er tut so, als ob er es nicht bemerkte. Schweigend, mit finsterem Gesicht tanzt er weiter, den Blick ins Leere gerichtet.

In fast schroffem Ton, der ihr Unbehagen nur schlecht verdecken kann, sagt Cabiria . . .

Cabiria: Wenn Sie zu Ihren Freunden gehen wollen, machen Sie keine Umstände . . . Ich gehe schon . . .

Der Schauspieler hat nicht recht verstanden.

Schauspieler: Was? . . .

Dann, indem er zu tanzen aufhört, fügt er schroff hinzu:

Ja, es genügt . . . Gehn wir . . .

Und er wendet sich dem Ausgang zu, nur kurz die an ihn gerichteten Grüße erwidernd.

Ciao . . . Ciao . . .

Cabiria trottet hinter ihm her. Sie kommt in die Eingangshalle, während der Schauspieler bereits durch die Außentür geht.
Im letzten Moment erinnert sich Cabiria noch an den Regenschirm und kehrt mit dem Nümmerchen hastig zurück.

    Cabiria: Mein Schirm . . . Die Nummer? . . . Welche Nummer . . .? Ah, ja! Hier! 25! Schnell!

Die Garderobenfrau händigt ihr den Schirm aus; Cabiria ergreift ihn und rennt hinaus.

›Picadilly‹. Außen. Nacht.

Cabiria kommt aus dem ›Picadilly‹ gelaufen, ängstlich suchen ihre Blicke den Schauspieler.
Er ist bereits in den Wagen gestiegen und hat den Motor angelassen.
Cabiria bleibt stehen, beinah überzeugt, der Wagen werde ohne sie abfahren; der Schauspieler ruft jedoch.

    Schauspieler: Vorwärts! . . . Mach schnell! . . . Steig ein! . . .

Cabiria stürmt auf den Wagen zu und steigt ein. Mit dem gewohnten Tigersprung fährt der Wagen los.

Auto des Schauspielers. Innen. Nacht.

Cabiria ist noch etwas atemlos, sie wirft dem Schauspieler unwillkürlich einen dankbaren Blick zu; sie versucht, ihm zuzulächeln. Ohne sie anzusehen, fragt er kurz . . .

    Schauspieler: Schon gegessen? . . .

    Cabiria: Nein . . . (sie verbessert sich sofort) Das heißt, um acht . . .

    Schauspieler: Jetzt gehn wir essen . . .

Nach kurzer Pause wagt Cabiria eine Frage.

    Cabiria: Wohin gehen wir?

    Schauspieler: Nach Hause . . .

Der Ausdruck von Glückseligkeit, der jetzt auf Cabirias Gesicht erscheint, hat noch etwas Ungläubiges und Argwöhnisches. Sie sieht den Schauspieler an und macht sich's ein wenig bequemer auf dem breiten Sitz.
Plötzlich schnellt sie hoch und beugt sich aus dem Fenster: sie hat

auf dem Trottoir die beiden auffällig eleganten Prostituierten gesehen, die immer noch hin und her gehen auf der menschenleeren Straße. Mit einem Triumphschrei ruft Cabiria ihnen zu ...

Cabiria: Anfängerinnen!

Via Appia Antica. Außen. Nacht.

In schneller Fahrt rollt das Auto des Schauspielers die Via Appia Antica entlang.

Villa des Schauspielers. Außen. Nacht.

Das Auto fährt in einen großen, stillen Garten hinein, dicht an einem Schwimmbad vorbei, wendet auf einem Kiesplatz und hält vor einer luxuriösen Villa. Die Scheinwerfer werden ausgeschaltet, der Wagenschlag öffnet sich, der Schauspieler steigt aus. Gleich darauf steigt auch Cabiria aus, schaut sich um, verwundert und immer aufgeregter.

Fast im selben Moment läßt jemand im Innern der Villa eine helle Lampe über dem Eingang aufleuchten, und die Tür wird geöffnet. Der Schauspieler geht auf den Eingang zu.

Schauspieler (zu Cabiria): Geh hinein ...

Cabiria beeilt sich zu gehorchen. Der Schauspieler tritt hinter ihr ein.

Villa des Schauspielers. Innen. Nacht.

Beim Eintreten begegnet Cabiria einem Diener in gelb und schwarz gestreiftem Jackett und mit weißen Handschuhen; er mustert sie wortlos und grüßt den Schauspieler, mit ehrerbietiger Vertrautheit.

Diener: Guten Abend, Commendatore ...

Kaum eingetreten, fragt der Schauspieler den Bedienten scheinbar gleichgültig und doch gespannt ...

Schauspieler: Hat niemand telephoniert? ...

Diener: Niemand, Commendatore ...

Das Gesicht des Schauspielers verzieht sich ein wenig; nach kurzem Zögern will er zur Treppe gehen, bleibt aber stehn und fragt noch einmal.

Schauspieler: Hast du aufgepaßt oder hast du geschlafen? . . .

Diener: Niemand hat telephoniert, Commendatore . . . Ich war hier . . .

Schauspieler (kurz): Abendessen im Zimmer . . . für zwei . . .

Dann bleibt er noch einmal stehen und sagt mit unterdrückter Wut:

Wenn Fräulein Jessy telephoniert, ich schlafe. Wenn sie insistiert: ich schlafe! Insistiert sie weiter: ICH SCHLAFE!

Er winkt Cabiria und beginnt, die Treppe hinaufzusteigen.

Schauspieler: Komm . . . wir gehen hinauf . . .

Cabiria, die ganz benommen den unerhörten Luxus dieser Eingangshalle betrachtet hat, rüttelt sich auf und eilt zur Treppe hin.

Der Diener hält sie zurück und nimmt ihr ohne große Umstände den unvermeidlichen Schirm ab.

Diener: Den Schirm . . . Gib her . . .

Cabiria überläßt den Schirm dem Bedienten und trottet hinter dem Schauspieler die Treppe hinauf.

Im obern Stock geht er ihr voran durch einige Räume, deren exzentrischer Luxus Cabiria noch vollends verwirrt; sie gelangen in ein geräumiges Zimmer mit großen Wandschränken. Ein vom Boden bis zur Decke reichender Spiegel nimmt eine ganze Wand des Raumes ein. Hier zieht der Schauspieler seine Jacke aus und wirft sie hin, dann löst er die Krawatte und wirft auch diese beiseite.

Cabiria beeilt sich, die beiden Kleidungsstücke aufzuheben, aber sie weiß nicht, was sie damit anfangen soll. Der Schauspieler drückt auf einen Knopf: eine ganze Wand gleitet zur Seite, und das Innere des Schrankes wird sichtbar: da hängen wohlgeordnet etwa fünfzig Anzüge.

Schauspieler: Laß . . . Das besorgt das Zimmermädchen . . .

Während er das sagt, bemerkt er, daß Cabiria mit weit aufgerissenen Augen den märchenhaften Schrank mit seinem unglaublichen Inhalt betrachtet.

Ihr Staunen macht ihm einen Augenblick lang Vergnügen und schmeichelt ihm; vielleicht schaut er sie jetzt überhaupt zum ersten Mal an; aber sogleich wird seine Haltung wieder distanziert und nervös wie vorher.

Er nimmt einen sehr auffälligen Hausrock aus dem Schrank und schlüpft hinein; vor dem Spiegel bindet er den Gürtel. Sein eigenes Bild zieht ihn an; er betrachtet sich, dreht den Kopf ins Halbprofil, fährt mit der Hand über Stirn und Haare. Er grinst ein wenig; und posierend wie gewohnt, aber im Grunde genommen doch ernsthaft sagt er zu sich selbst . . .

Schauspieler: Idiot! . . . Idiot! . . .

Er wendet sich wieder Cabiria zu, die tief beeindruckt dasteht und ihn anschaut, die Jacke und die Krawatte noch immer in der Hand.

Schauspieler (sardonisch, bitter): Schau mich an, schau mich an: schau diesen Idioten an . . .

Dann wieder schroff und nervös auf die Jacke zeigend.

Schauspieler: Wirf das weg . . . laß es liegen!

Cabiria (zögernd): Aber . . . sie wird zerknittert.

Der Schauspieler nimmt ihr die Jacke aus der Hand und wirft sie mit großer Geste auf den Boden, dann drückt er wieder auf den elektrischen Knopf, und, den Schrank schließend, gleitet die Wand zurück an ihren Platz. Von neuem betrachtet Cabiria entzückt das Wunder. Diesmal hat es dem Schauspieler Spaß gemacht, die Wirkung bei ihr zu beobachten; vielleicht hat er sogar den Schrank absichtlich deshalb geschlossen. Er ist befriedigt. Er geht ins angrenzende Zimmer.

Schauspieler (im gewohnt schroffen Ton): Komm.

Cabiria folgt ihm willig. Sie tritt ins Schlafzimmer ein. Bettnische in exzentrischer Form, schwere Gardinen, Sessel, Kristallleuchter, Lampenschirme in verschiedenen Farben, mollig weiche Teppiche. Der Schauspieler wirft sich längelang aufs Bett und schaut zur Decke hinauf. Cabiria bleibt steif mitten im Zimmer stehen.

Mit langsamer Geste nimmt der Schauspieler eine Zigarette vom Nachttisch, zündet sie an, bläst sachte den Rauch zur Decke hinauf. Er wirft einen Blick auf Cabiria, mit der kalten, distanzierten Neugier, mit der man ein Tier im Zoo betrachtet.

Schauspieler (mit farbloser Stimme): Wie heißt du? . . .

Cabiria ist aufgeregt. Und die Erregung läßt sie instinktiv eine Abwehrhaltung einnehmen.

Cabiria: Cabiria.

Der Schauspieler hat nur halb zugehört. Er hat sich auf einen Ellbogen gestützt und setzt das Grammophon in Betrieb. Nur ein bißchen erstaunt über diesen ungewohnten Namen, fragt er noch einmal.

> *Schauspieler:* Cabiria? . . .
>
> *Cabiria:* Cabiria . . .
>
> *Schauspieler* (vollkommen gleichgültig): Woher kommst du? . . .
>
> *Cabiria:* Aus Rom . . . (sie präzisiert) Piazza Risorgimento . . .

Die feierlichen Klänge einer Beethoven-Sinfonie erfüllen das Zimmer. Der Schauspieler, der Cabiria nicht einmal zugehört hat, wirft sich wieder aufs Bett zurück, mit der Hand den Takt andeutend.

> *Schauspieler* (wie abwesend zu Cabiria): Setz dich . . . bleib nicht stehen, das macht mich nervös . . .

Cabiria setzt sich auf einen Sessel. Der Schauspieler scheint von der Musik entzückt zu sein.

> *Schauspieler:* Gefällt sie dir? . . .

Cabiria hat wie verzaubert zugehört, versucht aber immer noch, sozusagen zur Abwehr, einen zurückhaltenden Ton zu wahren.

> *Cabiria:* Ich kenn mich da nicht so aus . . . mit diesem Zeug . . .

Der Schauspieler erklärt mit wohlwollender Herablassung:

> *Schauspieler:* Beethoven . . . die Fünfte . . .

Dann nach einem Augenblick:

> Meine Leidenschaft . . .

Und wie hingerissen von poetischem Schwung, beginnt er, auf dem Bett sitzend, zum Rhythmus der Musik auf englisch Shakespeare-Verse zu deklamieren.

Cabiria schaut ihn an und hört ganz ergriffen zu; an ihre rührenden Bemühungen, sich zu beherrschen, kann sie sich längst nicht mehr erinnern.

Dem Schauspieler macht es Vergnügen, daß er in solcher Naivität bewundert wird, aber er zeigt es nicht: es sieht aus, als rezitiere er für sich selbst. Da unterbricht ihn der eintretende Diener, der einen mit Speisen beladenen Servierwagen hereinschiebt.

> *Schauspieler* (kurz): Laß . . . geh nur . . .

Cabiria ist wieder aufgestanden; der Diener wirft ihr einen vielsagenden Blick zu, geht hinaus und schließt die Tür.

Der Schauspieler zeigt auf den Wagen, er spricht mit gespielter Gleichgültigkeit, aber das Spiel macht ihm Spaß.

Schauspieler: Bediene dich! . . . Kaviar, Languste . . . Ich weiß nicht, ob du das magst . . . Nimm nur . . . Ich . . .

Er macht eine unbestimmte Handbewegung, die besagen will, er habe vorläufig keinen Hunger; er nimmt eine Flasche Champagner, schickt sich an, sie zu entkorken, und liest dabei laut die Jahreszahl auf dem Flaschenschild.

Schauspieler (wie zu sich selbst): . . . 1949 . . .

Cabiria blickt fasziniert auf den Servierwagen. Der Schauspieler wendet sich wieder ihr zu.

Schauspieler: Zieh die Jacke aus . . . es ist warm hier . . .

Cabiria gibt sich einen Ruck. Sie zieht die Jacke aus. Ihr magerer Oberkörper steckt in einem unmöglichen gestreiften Leibchen.

Der Schauspieler dreht sich um und schaut sie an; er mustert sie neugierig, ein wenig erstaunt; es ist das erste Mal, daß er sie lange ansieht und genau wahrnimmt.

Schauspieler (verwundert und in etwas menschlicherem Ton): Wo wohnst du denn? . . .

Cabiria (ganz arglos): Hinter der Tankstelle . . .

Und da der Schauspieler das offensichtlich nicht versteht, sagt sie's genauer.

Cabiria: . . . an der Straße nach Ostia . . . beim 19. Kilometer . . .

Der Schauspieler beobachtet sie immer noch verwundert.

Schauspieler: Und du kommst bis an die Via Veneto?

Cabiria (die Schultern zuckend): Ich bin nicht an der Via Veneto . . . Ich bin an der Passeggiata Archeologica . . .

Dann erklärt sie sogleich:

. . . Weil das bequemer ist für mich . . .

Und sie fühlt sich veranlaßt, in geringschätzig überlegenem Ton zu präzisieren:

. . . Da ist noch ein anderes Mädchen, eine Freundin . . . auch sie ist da, wo ich bin . . . Aber mit den andern, mit denen habe ich nichts zu tun . . . Die schlafen unter den Caracalla-Bögen . . . Ich habe mein eigenes Haus, habe Licht, Butagas . . . Unter den Bögen habe ich nie geschlafen . . . (dann gesteht sie) Ein- oder zweimal . . .

Sie schweigt einen Augenblick und fügt dann halb lächelnd hinzu:

Allerdings, es ist kein Haus wie dieses . . .

Sie zuckt stolz die Schultern, wie um zu sagen, das mache ihr nichts aus.

Der Schauspieler ist immer noch verblüfft. Ein leichtes Unbehagen hat sich seiner bemächtigt. Er stellt das Grammophon ab; die Musik hört auf. Etwas schwerfällig, aber doch um eine Spur menschlicher drückt sich des Mannes Unbehagen in einer erneuten Aufforderung zum Essen aus.

Schauspieler: Iß . . . nimm etwas . . .

Cabiria schaut ihn wieder an und lächelt ein wenig.

Cabiria (mit erregter Stimme): Ich weiß, wer Sie sind . . . Ich erkannte Sie sofort . . .

Der Schauspieler, immer noch beim Entkorken des Champagners, lächelt etwas albern; er zeigt sich absolut nicht überrascht, aber immerhin geschmeichelt.

Cabiria (fährt im selben Ton weiter): Ich habe alle Ihre Filme gesehen . . . Sie gefallen mir . . . Sie sind hübsch . . .

Dann, wieder nach einer kleinen Pause und mit einer Stimme, die heiser ist von einer nicht mehr zu verbergenden Ergriffenheit, fügt sie plötzlich hinzu . . .

Cabiria: Sie sind schön wie Ihr Haus . . .

Der Schauspieler, der die Flasche entkorkt hat und im Begriff ist, zwei Gläser zu füllen, ist von diesem Ausspruch und von diesem Ton betroffen. Er dreht sich um und schaut Cabiria überrascht, mit einer gewissen menschlichen Teilnahme an. Er lächelt, bedeutet ihr, näher zu kommen und einen der beiden Kelche zu nehmen.

Schauspieler: Nimm . . .

Cabiria gehorcht rasch, nimmt einen Kelch, der Schauspieler hebt lächelnd den seinen und stößt mit ihr an.

Schauspieler: Cin cin!

Cabiria (verklärt, ihm zutrinkend): Äh . . . ja . . . Cin cin . . .

Und in größter Erregung trinkt sie das Glas in einem Zug leer; der Schauspieler nimmt einen Schluck, beinah zart und mitleidig streicht er dann liebkosend mit der Hand über Cabirias Kopf.

Ihre Augen strahlen. Sie ergreift des Schauspielers Hand, und unbeholfen, mit rauher, störrischer Zärtlichkeit, preßt sie ihre Wange daran.

Cabiria (mit heiserer, erstickter Stimme): Mannaggia! . . .[1]
Der Schauspieler schaut sie neugierig an.
Schauspieler: Na? . . . Was gibt's? . . .
Cabiria vermag die Flut der heftigen und widersprüchlichen
Gefühle, die sie aufwühlen, nicht auszudrücken.
Cabiria: Wer glaubt mir schon, wenn ich das erzähle! . . .
Die sagen so schon immer, ich gebe an, die verfluchten
Weiber . . . Morgen glaube ich es wahrscheinlich selber nicht
mehr! . . .
Sie faßt sich wieder, ist aber immer noch sehr aufgeregt; sie wird
geschäftig.
Gut, jetzt essen wir . . . Essen Sie auch was! . . .
Sie hat einen Teller genommen, den sie für ihn bereit machen
will.
Weißes Hühnerfleisch kann Ihnen nicht schaden . . . Es ist
leicht . . . Da hat's Zeug! . . .
Während sie in den verschiedenen Schüsseln herumfischt, dreht
sie sich halb zu ihm um.
Wenn Sie diese Musik wieder auflegen wollen . . . tun Sie's
nur . . . sie ist schön . . . sie gefällt mir . . .
Plötzlich schrillt das Haustelephon. Der Schauspieler nimmt den
Hörer ab.
Schauspieler: Was willst du? . . .
Sein Gesicht verändert sich mit einem Schlag; er springt auf.
Schauspieler: Wie? . . . Nein! . . . Absolut nicht! . . . Laß sie
nicht herauf!
Man vernimmt noch die Stimme im Hörer; der Schauspieler
antwortet nicht mehr. Er ist ganz bleich, verlegen, ratlos. Er legt
den Hörer auf, rennt zur Tür und verriegelt sie. Er schaut sich
um. Von außen versucht jemand, die Türe zu öffnen. Die Klinke
geht auf und ab. Einen Augenblick später hört man Jessys
Stimme.
Jessy (off): Mario! . . . Mach auf! . . .
Der Schauspieler, kreideweiß, sieht Cabiria an, die ihn ihrerseits
beunruhigt und finster anstarrt. Um Zeit zu gewinnen, fragt der
Mann in gespielt natürlichem Ton . . .
Schauspieler: Wer ist da? . . .
Jessy (off): Mach nicht den Idioten, Mario . . . Mach auf . . .

1 Kraftausdruck. Wörtlich: ›Male ne abbia‹! Entspricht ungefähr dem deutschen ›Verdammt‹ oder ›Zum Teufel‹.

Der Schauspieler hat eine Idee. Er antwortet rasch.

Schauspieler: Augenblick.

Dann läuft er zu Cabiria hin, drängt sie zu einer kleinen Tür und bedeutet ihr, zu schweigen und sich zu beeilen.

Cabiria ergreift im Vorbeigehen Jacke und Handtasche und läßt sich fügsam durch das Türchen drängen, das der Schauspieler hastig geöffnet hat. Wie sie über die Schwelle tritt, will sich Cabiria einen Moment lang widersetzen: sie hat festgestellt, daß sie im Badezimmer ist.

Schauspieler (flüstert ihr zu): Still!... Ich schicke sie gleich weg!...

Und er schließt die Tür hinter ihr.

Badezimmer des Schauspielers. Innen. Nacht.

Mit finsterem Blick sieht sich Cabiria um; sie hört, wie der Schlüssel sich im Schloß dreht.

Schlafzimmer des Schauspielers. Innen. Nacht.

Der Schauspieler steckt den Badezimmerschlüssel in die Tasche und geht rasch zur Türe, hinter der man wieder Jessys Stimme hört.

Jessy (off, nervös): Mario!... Machst du auf?...

Der Schauspieler öffnet die Türe; Jessy stürzt herein. Sie ist bleich, ihr Gesicht verzerrt.

Schauspieler (betroffen): Was willst du?...

Ohne zu antworten, ohne ihn anzuschauen, geht Jessy direkt aufs Bett zu; steif sitzt sie da.

Der Schauspieler schließt die Türe; einen Moment lang herrscht Stille. Dann beginnt der Schauspieler zu sprechen, indem er eine eisige Ruhe vortäuscht, die er aber ganz und gar nicht hat.

Schauspieler: Hör, Jessy... Ich möchte schlafen... ich muß morgen früh arbeiten... deshalb...

Jessy (nervös und gespannt, als hätte sie nichts gehört): Ich habe Durst... gib mir etwas...

Dann wirft sie plötzlich die Handtasche weg und läßt sich, hysterisch schluchzend, vornüber aufs Bett fallen.

Jessy: Ich kann nicht mehr ... Ich halt es nicht mehr aus ...
Du bist ein Schuft ...

Der Schauspieler ist sehr beunruhigt; er versucht, einen frostig vernünftigen Ton zu wahren.

Schauspieler: Auch ich kann nicht mehr, Jessy ... Deine
Eifersucht ... ist ... krankhaft ... unerträglich ... Und ich
... ich bin müde ... ich bin kaputt ... Trennen wir uns als
gute Freunde ...

Badezimmer des Schauspielers. Innen. Nacht.

Cabiria, ein Auge am Schlüsselloch, billigt offensichtlich die Worte des Schauspielers.

Cabiria (leise): Was die sich einbildet! ... Allüren! Allüren! ...

Man hört Jessys lautes Schluchzen.

Schlafzimmer des Schauspielers. Innen. Nacht.

Der Schauspieler ist nicht weit vom Bett entfernt wie angewurzelt stehen geblieben. Angesichts dieses verzweifelten Wein-
krampfs weiß er nichts mehr zu sagen.

Schauspieler (unsicher): Laß das, tu nicht so ... Geh schlafen ...

Er setzt sich neben sie aufs Bett.

Du bist jetzt müde ... meine Nerven sind überreizt ...
Morgen telephonieren wir ...

Unversehens richtet sich Jessy auf, immer noch schluchzend wirft sie sich in die Arme des Schauspielers und küßt ihn ungestüm.
Er versucht erst zu widerstehen, dann aber, überwältigt, erwi-
dert er ihre Küsse ebenso stürmisch.

Badezimmer des Schauspielers. Innen. Nacht.

Cabirias Ausdruck verändert sich, wird finster. Sie rückt ein wenig vom Schlüsselloch weg und verharrt eine Weile in dump-
fer Unsicherheit; dann beginnt sie wieder hineinzuschauen. Ihr Ausdruck wird noch finsterer, Wut überkommt sie. Jäh ergreift

sie einen Becher und will ihn gegen die Tür schmettern. Mitten in der Bewegung hält sie jedoch inne und beugt sich plötzlich wieder zum Schlüsselloch.

Schlafzimmer des Schauspielers. Innen. Nacht.

Die beiden haben aufgehört, sich zu küssen, aber sie halten sich noch eng umschlungen. Sie sprechen in einem Pathos der überschwenglichen und recht komischen Zärtlichkeit von zwei Verliebten, die sich versöhnen.
Jessy ist noch ganz in Tränen aufgelöst.

> *Jessy:* Sag mir, daß du mich nicht mehr liebst . . . Ist das so schwierig?
> *Schauspieler:* Aber nein, Jessy . . . nein . . .
> *Jessy:* Doch, sag es mir, so kommt mein Herz zur Ruhe, und ich denke nicht mehr daran . . .
> *Schauspieler:* Aber nein, Jessy . . . Ich sage es nicht . . . es wäre gelogen . . .

Wieder ein Kuß; der Schauspieler gleitet neben ihr auf die Knie.

> *Jessy:* Mir genügt es, wenn wir uns manchmal sehen . . . Alle drei Tage . . . Damit bin ich zufrieden . . .
> *Schauspieler:* Warum sagst du denn so etwas? . . . Nein . . . Wir können uns auch öfter sehen . . .
> *Jessy:* Jeden Tag . . .
> *Schauspieler:* Ja, jeden Tag . . . Aber nicht so . . . (trotz allem noch ein Schmieren-Komödiant) Wenn die Frauen mich anschauen, was kann ich denn dafür? . . . Es ist nicht meine Schuld . . .

Wieder ein Kuß.

> *Jessy:* Ich kann nicht sein, ohne dich zu sehen . . .
> *Schauspieler:* Ich auch nicht . . .

Wieder ein Kuß, ein noch längerer.

Badezimmer des Schauspielers. Innen. Nacht.

Cabiria horcht, das Ohr an der Tür. Ihr Gesichtsausdruck hat sich vollkommen verändert; selbstvergessen, verzückt, ergriffen hört sie zu.

Jessy (off): Liebst du mich? . . .
Schauspieler (off): Ja, Jessy, ich liebe dich . . .
Jessy (off): Auch ich, Liebster . . . Ich kann nicht leben ohne dich . . .
(Pause)
Jessy (off): Ich liebe dich, Liebster . . . ich liebe dich . . .
Cabiria löst sich langsam von der Türe; ihre ganze Empörung ist verflogen. Sie merkt, daß sie noch das Glas in der Hand hält, und stellt es äußerst vorsichtig hin, um ja keinen Lärm zu machen. Resigniert schaut sie sich um; auf Zehenspitzen begibt sie sich zu einem Hocker, setzt sich still und nachdenklich darauf. Ihre Blicke kehren zur verschlossenen Tür zurück . . .
(Überblendung)

Badezimmer des Schauspielers. Innen. Tag.

Das unbestimmte Licht der Morgendämmerung dringt durch das Fenster. Cabiria sitzt immer noch auf dem Hocker; unbequem an die Wand gelehnt, döst sie vor sich hin. Sie ist am Umsinken; mit einem Ruck rafft sie sich zum hundertsten Mal wieder auf. Sie reibt sich die Augen und stellt fest, daß der Tag angebrochen ist. Mühsam steht sie auf; ihr Gesicht wirkt müde. Sie geht zum Fenster, öffnet es ganz sachte, um ja keinen Lärm zu machen. Die prickelnde Luft des Morgens erfrischt ihr Gesicht. Sie tritt noch näher heran und schaut hinaus.

Garten des Schauspielers und Via Appia Antica. Außen. Tag.

Vor der Villa liegt der grüne Garten; weiter entfernt, in der welligen Landschaft, kann man die Ruinen an der Via Appia Antica sehen, und im Hintergrund die Hügel. Die Vögel erwachen und singen. Das Glöcklein einer nahen Kirche beginnt zu läuten: die Glockenschläge sind so klar und präzis zu vernehmen, als wäre die Luft plötzlich flüssig geworden. Alles ist sehr frisch, durchsichtig, verzaubert.

Badezimmer des Schauspielers. Innen. Tag.

Liebliche Gedanken gehen Cabiria durch den Kopf. Sie hat vergessen, daß sie in einem Bad eingeschlossen ist und auf Befreiung wartet. Sie ist glücklich. In Gedanken versunken lächelt sie.
Hinter ihr öffnet sich ganz sachte die Badezimmertür.
Der Schauspieler im Pyjama kommt vorsichtig herein: er ist müde und zerzaust.
Cabiria dreht sich um, sieht ihn versonnen an und lächelt ihm zu. Er bedeutet ihr, zu schweigen und ganz leise zu sein.
  Schauspieler (flüstert ihr zu): Geh ... Schnell ...
Und er winkt ihr, sie soll durchs Schlafzimmer entwischen.
Hastig drückt er ihr Geld in die Hand.
Cabiria hat willig angedeutet, daß sie verstanden hat, aber angesichts des Geldes versucht sie sich zu widersetzen; der Schauspieler jedoch stößt sie ungeduldig hinaus.
Sie hat kaum Zeit, nach ihrer Handtasche zu greifen.

Schlafzimmer des Schauspielers. Innen. Tag.

Cabiria, vom Schauspieler gedrängt, huscht vom Bad durch das im Halbdunkel liegende Zimmer zur Tür, die auf den Korridor führt.
Sie wirft verstohlen einen Blick auf das große Bett, in dem sie flüchtig den Körper der schlafenden Jessy erkennen kann. Auf der Schwelle dreht sich Cabiria noch einmal rasch um und sucht den Blick des Schauspielers zu einem Abschiedsgruß; er aber ist allzusehr bemüht, sie schnell vor die Tür zu setzen.

Korridor, Treppen und Atrium der Villa des Schauspielers. Innen. Tag.

Vom Schauspieler geschoben, gelangt Cabiria in den Korridor; hinter ihr wird die Türe sofort leise geschlossen.
Mit finsterem Gesicht bleibt Cabiria einen Moment lang unschlüssig stehen. Dann geht sie resigniert auf die Treppe zu.
Kein Mensch ist zu sehen, weder auf der Treppe noch im Korridor. Cabiria geht hinunter. Sie gelangt in die große Halle, die

ebenso verlassen scheint wie das ganze übrige Haus. Sie schaut sich um; da ist wirklich niemand. Auch die Dienerschaft schläft noch. Sie nähert sich der Tür, erinnert sich an etwas und sieht sich suchend um.

Auf einer Truhe hinten im Raum liegt – einsam und verlassen – ihr Schirm. Sie holt ihn, kehrt zur Türe zurück, hat etwas Mühe, sie zu öffnen, kriegt sie schließlich auf und geht hinaus.

Via Appia Antica. Außen. Morgendämmerung.

Draußen herrscht große Stille: nur zuweilen hört man Spatzengezwitscher.

Die Zypressen, die Gräber an der Straße heben sich schattenlos ab im flachen Licht des Morgens.

Durchs große Tor verläßt Cabiria den Garten vor der Villa des Schauspielers. Noch ganz verträumt blickt sie um sich, bleibt eine Weile stehen und macht sich dann auf, um zur Autobushaltestelle am Ende der Straße zu gehen.

Passeggiata Archeologica. Außen. Nacht.

Einige Monate später.

Cabiria und Wanda nähern sich ihrem Arbeitsplatz. Sie schreiten rasch aus unter den dunklen Bäumen.

Ohne sich aufzuhalten, gehen sie an Mathildes Standplatz vorbei: man erkennt deren unbeweglich in der Allee stehende mächtige Gestalt. Auf der Straße der gewohnte Verkehr von Automobilen und Motorrädern.

Wanda und Cabiria nähern sich einer Gruppe von Mädchen, die am Ende der Allee beisammen stehen. Auch Marisas Fiat steht dort, und daran gelehnt ihr Freund Amleto.

Cabiria äugt neugierig herum.

    Cabiria (vergnügt): Schau, schau! Der Lahme ist da!

Tatsächlich, im Mittelpunkt der allgemeinen Aufmerksamkeit steht da, auf seine Krücken gestützt, ein Lahmer. Amleto spricht von ihm.

    Amleto: ... warum sollte es nicht möglich sein, daß die Madonna auch ihm ihre Gnade schenkt? ...

Aggressiv mischt sich die Französin ein.

Französin: Weiß die Madonna etwa nicht, wie er zu seinen Moneten kam, der da?...Mit Kokain und mit Frauen-auf-den-Strich-Schicken...Vergeudet die Madonna ihre Gnade für so einen?...

Der Lahme hört ruhig zu, rot im Gesicht, vielleicht vom vielen Wein, und mit einem Lächeln. Jetzt mischt sich Marisa in die Diskussion, indessen Cabiria aufmerksam bald der einen, bald der andern zuhört.

Marisa: Hör zu, meine Süße! Ich habe eine Freundin – nur um dir zu sagen – sie ging auf den Strich wie wir, und sie erwischte eine Krankheit, und blind war sie...Da nahm die Mutter sie mit zur ›Divino Amore‹[1]. Meine Freundin hatte eine Kerze in der Hand und betete um Gnade; und auch die Mutter betete...Ganz plötzlich fängt da meine Freundin an zu schreien: Ich sehe! Ich sehe!... (mit fast zornigem Ausdruck) Jawohl! Sie konnte sehen...Verstehst du!...

Der Lahme, im allgemeinen skeptisch, aber im Sonderfall der Gnade überzeugt, spuckt heftig aus; die Mädchen sind sehr beeindruckt. Cabiria ist tief betroffen.

Marisa: Also, Mädchen, warum kommt ihr am Sonntag nicht auch zur ›Divino Amore‹? Mir scheint doch, wir alle hätten etwas von der Madonna zu erbitten. Kommst du mit, Cabiria?

Cabiria: Hm, weiß nicht, ich muß mir's überlegen. Was soll denn ich von der Madonna erbitten? Ich hab ja alles! Hab jetzt sogar die Raten fürs Haus fertig abbezahlt!...

Einige Burschen auf Motorrollern haben sich langsam genähert; jetzt ist aus ihrer Gruppe eine ›Pernacchia‹[2] zu hören; dann geben alle Gas und fahren höhnisch lachend davon.

Wanda berührt Cabirias Schulter, und sie entfernen sich im Dunkel der Allee, nachdem sie den Lahmen ehrerbietig gegrüßt haben.

Wanda (zu Cabiria): Weißt du, worum ich die Madonna bitten würde?...

Ein großer Fiat kommt sehr langsam von den Cerchi herauf

---

1 Wallfahrtskirche auf einem Hügel westlich von Rom.
2 Furzgeräusch, mit den Lippen und der davor gehaltenen Hand erzeugt.

gefahren. Er hält an, fährt weiter, dicht an der Konterallee entlang. Er erreicht Mathildes Stammplatz und hält wieder an. Sofort beugt sich Mathilde vor und zeigt sich im Licht der Straßenlaterne.

Im Wagen sitzen zwei Flegel von etwa fünfundzwanzig Jahren, schwarz wie Beduinen.

Bruno: Schleppen wir die da ab, Scintillò?

Scintillone (wortlos zustimmend, wendet sich bereits an Mathilde): Steig ein ...

Mathilde produziert einen kleinen Schnellauf, wobei all ihre Fettpolster wackeln, und steigt durch die hintere Wagentür ein. Aber sie wird etwas unsicher, als sie sieht, daß der Wagen voll Stoffballen ist.

Bruno: Hast du Platz? ...

Mathilde: Wieso sollte ich keinen Platz haben? ...

Sie setzt sich, während der Wagen sehr langsam weiterfährt.

Cabiria, etwas weiter vorn, hat die Szene gesehen. Sie zuckt die Achseln, sie verzichtet auf die Gelegenheit und überquert die Allee, um an ihren eigenen Platz zu gehen. Dazu muß sie aus der Dunkelheit unter den Bäumen heraustreten, und die beiden im Wagen sichten sie.

Bruno: Da ist sie! ... (er ruft hinter Cabiria her) He, Kleine! ... Komm doch mal her! ...

Cabiria geht weiter, ohne auf ihn zu hören.

Aus dem Wagen schickt Scintillone ihr einen durchdringenden Pfiff nach, wie ein Ziegenhirt.

Cabiria stellt sich immer noch taub.

Eine plötzliche Wut zeigt sich in Scintillones Gesicht. Er gibt Gas wie verrückt, gelangt mit hundert Stundenkilometern ans Ende der Allee, fährt auf der Konterallee zurück und hält mit quietschenden Bremsen neben Cabiria. Scintillone springt aus dem Wagen und packt Cabiria am Ellbogen.

Scintillone: Du da, hörst du denn nicht? ... Bist du taub, du? ...

Etwas erschrocken, aber schroff, antwortet Cabiria.

Cabiria: Mit der da geh ich nicht ... Laßt mich in Ruh.

Aus dem Innern des Wagens kommt wuchtig Mathildes Stimme.

Mathilde: Rom ist voll von verrückten Ziegen, und ausgerechnet die müßt ihr aufgabeln? ...

Scintillone, in bedrohlichem Zorn, stößt Cabiria zur Wagentür.

Scintillone: Steig ein, vorwärts! Mach nicht, daß ich die Geduld verliere!

Mathilde öffnet ungeduldig die Tür.

Mathilde: So steig schon ein!

Cabiria hat Angst. Resigniert steigt sie ein. Auch sie ist beeindruckt von der vielen Ware im Wagen.

Cabiria (ruft): Was denn, habt ihr den ganzen Laden dabei? . . .

Bruno (grinsend, aber kurz angebunden): Sieh zu, wie du *deine* Arbeit machst und sei still . . .

Mit einem Ruck fährt das Auto an und entfernt sich rasch.

Römische Straßen. Außen. Nacht.

Das Auto fährt mit voller Geschwindigkeit. Es erreicht den Tiber, biegt nach rechts ab in Richtung Testaccio.

Wagen. Innen. Nacht.

Cabiria ist überwältigt. Mit dem Ellbogen stupst sie Mathilde, und diese entschließt sich zu einer Frage.

Mathilde (zu den beiden): So, ihr Zuckerbuben, wohin geht's?

Bruno dreht sich kaum ein wenig um.

Bruno: Heute abend wird's lustig!

Cabiria (flüstert Mathilde zu): Mir scheint, das sind zwei Filzer . . .

Mathilde (leise, ironisch): Hast du's auch gemerkt?

Der Wagen flitzt durch die Straßen von Testaccio; plötzlich hält er vor einer kleinen Bar. Die beiden Gauner öffnen die Türen, um auszusteigen.

Scintillone (schroff): Rührt euch nicht!

Bar in Testaccio. Innen. Nacht.

Scintillone und Bruno betreten die Bar. Sie ist halb leer. Einige junge Leute im Nebenraum spielen Billard.

Scintillone (zum Barmann): Du, Dingsda . . . zwei Strega![1]
Der Barmann bedient sie rasch.
   Scintillone: Sag mal, hast du Carletto gesehn, ›die
   Matratze‹?
Der Barmann, ein kleiner schwarzer Tunichtgut wie die beiden
andern, schaut sich schweigend um, wie wenn er die Frage gar
nicht gehört hätte; er läßt ein paar Gläser ins Wasser plumpsen.
Dann schaut er zu Scintillone auf; und mit einer Geste, die besa-
gen will, »er ist im Gefängnis«, fährt er mit der Hand übers
Gesicht, wobei er die Haut unter den Augen leicht nach unten
zieht.

Römische Straßen. Außen. Nacht.

Der Wagen fährt mit großer Geschwindigkeit: vorbei an der
Pyramide von Porta San Paolo, durch menschenleere Alleen,
über die Piazza Vittorio, in schwindelerregendem Tempo. Cabi-
ria hat Angst; in den Kurven schließt sie die Augen.
In einem Quersträßchen zur Tiburtina bremst der Wagen vor
der verlotterten Türe einer kleinen Kohlenhandlung. Bruno
steigt aus und läutet, aber niemand erscheint, um zu öffnen.
Bruno steigt wieder ein.
   Bruno: Wird in irgendeiner Bar sein und sich besaufen.
Der Wagen fährt wieder los.
Die beiden Kumpane reden nicht. Cabiria wird immer unruhiger.
Sie wirkt ängstlich und aggressiv. Mathilde hat eine Zigarette
angezündet und raucht ruhig.

Kleine Bar in San Lorenzo. Außen/Innen. Nacht.

Eine kleine, halb leere Bar, fast gleich wie die erste.
Scintillone tritt ein, während Bruno auf der Schwelle stehen
bleibt.
   Scintillone (zum Barmann): He, hat sich Aldo sehen lassen,
   Picchiolas Sohn?
   Barmann (verschlafen): Nein . . .
   Scintillone: Gib uns zwei Cognac . . .

---

1 Strega (wörtlich: Hexe) = Likör aus Benevento.

Dritte Bar. Innen. Nacht.

Diese Bar ist ein wenig größer als die beiden andern. In einem kleinen Saal neben dem Schanktisch sitzen ein paar Gäste an kleinen Tischen und schauen zum Fernsehapparat in der Ecke. Bruno und Scintillone treten ein; sogleich erblicken sie unter den Gästen Aldo, den gesuchten jungen Mann. Scintillone grüßt ihn vertraulich.

> *Scintillone* (vielsagend): Ciao, Aldo ... Trinkst du einen Kaffee mit uns ... mit deinen alten Freunden? ...

Aldo wendet sich scherzhaft an seine Nachbarn; er hat kapiert.

> *Aldo:* Was werden die schon wollen, die zwei Bettler?

Langsam und schwankend steht er auf.

> *Aldo* (zu den beiden): Vorwärts, ihr lausigen Typen, das Gläschen zahle ich ... (zum Barmann) Drei Cognac.
>
> *Scintillone:* Kannst du einen Moment mitkommen? ... Schau, da draußen haben wir das Zeug ... den ›Grisbi‹ ...

Aldo, der geübte Gauner, gibt sich unbeteiligt, um sein lebhaftes Interesse zu verbergen.

> *Aldo:* Worum handelt es sich? ...
>
> *Scintillone* (unbeeindruckt): Reg dich nicht auf ...

Der Barmann stellt die drei Gläschen auf den Schanktisch.

Wagen. Innen. Nacht.

Aus dem vor der Bar stehenden Wagen versucht Cabiria ins Innere der Bar zu spähen: sie ist beunruhigt.

> *Cabiria* (plötzlich entschlossen): Ich haue ab, du ... Ich will keine Scherereien mit der Polizei ...

Mathilde antwortet im Ton der Überlegenheit; offensichtlich hat das Abenteuer sie erregt.

> *Mathilde:* Warte, heute abend kommen wir zur Sache!
>
> *Cabiria:* Ich will nichts mit ihnen zu tun haben, mit diesen beiden Ganoven! ... Wenn die Polente kommt, schnappt sie auch uns ...

Und in plötzlichem Schrecken macht sie Miene, die Türe zu öffnen. Mathilde packt sie brutal am Handgelenk.

> *Mathilde* (grob): Dumme Gans! ... Solche Gelegenheiten bieten sich selten! ... Hier haben wir außer dem Lohn auch noch zu essen und zu trinken.

In diesem Moment kommen die drei aus der Bar und steigen wieder in den Wagen; Bruno hat eine Flasche Likör in der Hand; er und Scintillone sind offensichtlich hochgradig alkoholisiert.

Bruno: Vorwärts, ihr Schönen, heute abend wird gelebt ... Das große Leben! ...

Der Wagen schießt davon wie eine Rakete.

San Lorenzo. Sträßchen. Außen. Nacht.

Der Wagen fährt sehr schnell durch das schmutzige Sträßchen und hält von neuem vor dem kleinen Kohlenladen.
Die drei steigen aus.
Scintillone öffnet die hintere Wagentür.

Scintillone (barsch): Vorwärts, aussteigen ... macht euch nützlich ...

Cabiria und Mathilde steigen gehorsam aus; Aldo öffnet die Ladentür. Die drei Männer machen sich daran, die Ballen auszuladen; Cabiria und Mathilde helfen aufgeregt mit. Die Arbeit wird wortlos und hastig verrichtet.
Cabiria zittert; ganz verängstigt schaut sie umher. Nachdem alles ausgeladen ist, sagt Scintillone drohend zu den beiden Frauen:

Scintillone: Setzt euch hinein und rührt euch nicht!

Er schickt sie in den Wagen und wirft die Türe zu. Dann gesellt er sich zu den beiden andern im Laden drin und schließt auch diese Tür.

Wagen. Innen. Nacht.

Cabiria und Mathilde sitzen schweigend da. Mit erschrockenem Gesicht schaut Cabiria auf Mathilde, dann späht sie ängstlich auf die Straße hinaus. Man hört Stimmen. Einige junge Männer, die nach Hause gehen, kommen die Straße herunter; sie lachen und scherzen laut.
Wie sie am Wagen vorbeikommen, bleiben sie stehen und schauen aufdringlich hinein.

1. Bursche: Was? Habt ihr auf uns gewartet? ...
2. Bursche: Laßt ihr uns mitfahren? ...

Die Gesichter an die Scheiben pressend, beginnen sie höhnisch zu lachen.

    3. Bursche: Siehst du nicht, was für Mißgeburten! . . .

Gelächter; die Burschen entfernen sich; einer ruft noch . . .

    4. Bursche: Das sind Frauen? Die da?

Wieder hört man Gelächter.

In diesem Moment öffnet sich die Tür des kleinen Ladens, Bruno und Scintillone kommen heraus und steigen wieder in den Wagen. Das Auto fährt rasch davon. Scintillone sitzt am Steuer. Bruno blättert in einem dicken Bündel Fünftausender- und Zehntausendernoten. Mathilde stößt Cabiria mit dem Ellbogen an; doch die hat es auch schon bemerkt; mit glänzenden Augen verfolgen die beiden Frauen den Vorgang.

    Scintillone (mißtrauisch): Hast du alles, ja? . . .

Bruno nickt und blättert weiter.

    Mathilde (mit einem Seufzer, der ihr aus tiefster Seele kommt): Wie schön sind doch Moneten! . . .

Der Wagen rollt mit hundert Stundenkilometern den Wiesen am Stadtrand zu.

Campagna. Außen. Nacht.

Immer noch mit großer Geschwindigkeit rast der Wagen durch eine ländliche Straße in der Nähe der Appia Antica.

An einer gewissen Stelle biegt er in ein Sträßchen ein, das durch die Felder führt.

Schlamm aufspritzend holpert der Wagen noch einige Minuten lang über Löcher, bis er auf einem freien Platz neben einem zerfallenen Mäuerchen zum Stehen kommt. Bruno nimmt die Cognacflasche vom Sitz und hebt sie an den Mund. Aber sie ist schon leer. Bruno und Scintillone sind stockbesoffen.

Bruno packt die Flasche am Hals und schleudert sie gegen das Mäuerchen, wo sie zerschellt. Dann steigt er aus, öffnet die hintere Wagentür, holt mit den heftigen, allzu sicheren Bewegungen eines Betrunkenen Mathilde heraus und stößt sie zum grasbewachsenen Straßenrand. Das gleiche tut Scintillone mit Cabiria. Die beiden Paare entfernen sich im Dunkeln, in Richtung auf die Felder jenseits des Mäuerchens.

(Überblendung)

Campagna. Außen. Morgendämmerung.

Der Morgen dämmert.
Der Wagen steht auf einem Weg voller Löcher und Schlamm
neben einem zerfallenden Mäuerchen mitten in der Campagna.
Er ist leer.
Aus den Feldern steigen Cabiria, Mathilde und die beiden
Diebe, zerzaust und schmutzig, langsam zur Straße herauf. Sie
nähern sich dem Auto; die beiden Frauen wollen einsteigen.
Scintillone hält sie brutal zurück.
>   *Scintillone:* Wartet, wir wenden erst.
Bruno und Scintillone steigen in den Wagen. Scintillone ist am
Steuer. Der Wagen manövriert auf dem kleinen Grasplatz.
Dann, ohne sich auch nur nach den beiden Frauen umzuschauen,
fahren die beiden Verbrecher mit voller Geschwindigkeit,
Schlamm aufspritzend, davon.
Der Wagen verliert sich im trüben Dämmerlicht der zu Ende
gehenden Nacht.
Cabiria und Mathilde sehen einander dumm an. Dann rennt
Mathilde mit unmenschlichem Geschrei dem Wagen nach.
>   *Mathilde:* Schweinehunde! . . . Schweinehunde! . . .
Sie läuft verzweifelt weiter, bis ihr die Kräfte schwinden. Dann
bleibt sie stehen, erschöpft und verstört.
Die beiden Frauen gehen nun zwanzig oder dreißig Meter von-
einander entfernt mitten durch die aufgeweichte, einsame Campagna. In der Ferne sieht man antike Mauerreste; vielleicht ist
es die Appia Antica. Cabiria und Mathilde gehen aufs Geratewohl in jene Richtung, ihre Schuhe versinken im Schlamm.
Cabiria, keuchend und fast mehr zu sich selbst sprechend als um
von Mathilde gehört zu werden, sagt laut . . .
>   *Cabiria:* Wo sind wir denn? . . . Wo haben sie uns denn
>   hingebracht, diese Schweine? . . . (schreiend zu Mathilde)
>   Alles deinetwegen!
Cabiria geht weiter und schreit immerzu, wütend und außer
Atem.
>   *Cabiria:* Alles deine Schuld! . . . Wir hätten abhauen sollen,
>   als ich dir's sagte . . . wär das nicht besser gewesen? . . . Nicht
>   eine einzige Lira haben sie locker gemacht, diese Saukerle!
>   Bist du jetzt zufrieden, du? . . . (sie weint beinahe) Wo
>   haben uns diese Hunde nur hingebracht? . . .

Und sie beginnt fast zu rennen, Mathilde immer weiter hinter sich zurücklassend.

Mathilde bleibt wütend stehen, zieht einen Schuh aus; wie sie sich wieder aufrichtet, ist Cabiria schon sehr weit weg.

Mathilde (schreit, zwischen Wut und Angst): Wohin gehst du, du Luder! Siehst du nicht, wo ich geblieben bin? . . . Du Drecksau! . . .

Antike Ruinen. Nähe Via Appia Antica. Außen. Nacht (Morgendämmerung).

Cabiria erreicht eine etwas bessere Straße; das Land ringsum ist ganz mit Trümmern übersät. Obwohl ihr Gesicht noch tränennaß ist, scheint Cabiria sichtlich munterer, sobald sie den Fuß auf diese Straße setzt. Sie hebt die Schultern, redet mit sich selbst.

Cabiria: Na, was willst du, das ist schief gegangen . . . Andererseits, der Beruf ist eben so . . . Nicht? . . . Hab ich recht? . . .

Ihre Augen lachen schon fast, aber mit einemmal wird ihr schwindlig.

Cabiria: Verdammt nochmal, mir dreht sich der Schädel! . . . Kunststück: seit gestern mittag hab ich nichts mehr gegessen! . . .

Sie lehnt sich an einen Säulenstumpf. Dann macht sie sich wieder auf den Weg, zieht den Lippenstift aus der Handtasche und fährt sich damit über die Lippen.

Cabiria (trällernd): Zoccoletti, zoccoletti . . .

Sie singt immer lauter mit ihrer etwas rauhen Stimme eines älter gewordenen Kindes.

Da aber nähert sich aus der entgegengesetzten Richtung langsam ein alter Fiat mit eingeschalteten Scheinwerfern. Er kommt sozusagen zögernd vorwärts auf dem unebenen Gelände. Vor den Überresten eines mächtigen Grabmals bleibt er stehen.

Cabiria beobachtet ihn mit kindlicher Neugier, aber auch mit einem unwillkürlichen Verdacht.

Die Scheinwerfer des Wagens gehen aus, es bleiben nur die schwachen Stadtlichter.

Ein Mann steigt aus dem Wagen: ein Herr um die Vierzig, mittelgroß, die Haare noch ganz schwarz, beinahe elegant gekleidet. Er geht auf ein Gemäuer zu.

Mann (ruft): Gorgiano! ... Pietro! ...

Er bekommt keine Antwort, aber er wartet ruhig und wiederholt:

Gorgiano! ...

Er nimmt eine Taschenlampe und leuchtet ringsumher; einen Moment lang trifft das Licht voll auf Cabiria, dann gleitet es wieder auf die Grabruine, wo jetzt ein Kopf aus der Öffnung auftaucht: der struppige, verschlafene Kopf eines jungen Mannes.

Gorgiano: Guten Tag ...

Mann: Guten Tag ...

Inzwischen hat sich der Mann etwas weiter drüben zu einer Mauerspalte niedergebeugt, um mit seiner Lampe ins Innere zu leuchten.

Mann (ruft): Pietro! ...

Gorgiano kommt ganz aus seinem Bau heraus.

Gorgiano: Pietro ist nicht da ... Er ist im Spital. Sie haben ihn Dienstag abend geholt ... Mir scheint, er hat etwas für Sie hinterlassen ...

Schon hat der Mann, in der Vertiefung herumtastend, ein schmutziges Blatt Papier gefunden. Im Licht der Taschenlampe versucht er zu lesen, was darauf geschrieben steht.

Mann (zu Gorgiano): Und du, wie geht's dir? ... Was machst du immer? ...

Er faltet das Blatt und steckt es in die Tasche, indem er Gorgiano prüfend ansieht.

Gorgiano: Oh, ... soso ...

Mann: Was brauchst du? ... Hast du ein Hemd? ... Zeig deine Jacke ...

Gorgiano: Das Hemd hab ich, Sie gaben es mir letztesmal ... Eher einen Pullover und ein Paar Socken ... und etwas zu essen, wenn Sie was haben ...

Der Mann geht zu seinem Wagen. Cabiria nähert sich Gorgiano und redet ihn verschmitzt lächelnd an.

Cabiria: He, Moretto[1], was macht ihr da? ...

Der Mann hat inzwischen einen großen, walzenförmigen Sack

1 Braunschopf

63

vom Wagen genommen, die gewünschten Dinge herausgeholt und kehrt zu Gorgiano zurück.

Mann: Da ... auch Seife und ein Päckchen Zigaretten ...

Gorgiano: Danke ...

Der Mann mit dem Sack zieht sein eigenes Zigarettenpäckchen hervor, bietet Gorgiano eine an, nimmt selber eine und zündet beide an. Dabei wendet er sich an Cabiria, die verblüfft zuschaut.

Mann: Schläfst du auch hier? ... Ich habe dich noch nie gesehen ...

Cabiria (erstaunt und fast beleidigt): Ich? ... Hier? ... Ich habe mein eigenes Haus ...

Mann (wieder zu Gorgiano): Also, leb wohl ...

Gorgiano: Wiedersehn ... und danke ... daß Sie sich immer die Mühe nehmen ...

Der Mann hebt den Sack auf; Cabiria geht rasch zu ihm hin, sie hat ein Lächeln, das schlau sein möchte und doch nur verlegen wirkt.

Cabiria: Kann ich mitfahren? ... Mir ist es dreckig gegangen heute nacht! ...

Ohne sie anzusehen, geht der Mann weiter, den Sack über die Schulter geworfen, und antwortet ihr ruhig.

Mann: Ja ... Nachher ...

Und er geht, am Wagen vorbei, auf andere Mauerreste zu. Cabiria schaut ihn überrascht an, dann trottet sie neben ihm her.

Cabiria: Wohin gehen Sie jetzt? ...

Sie bleibt stehen, folgt ihm dann wieder und hebt den Sack, den er auf der Schulter hat, von unten an.

Cabiria: Soll ich Ihnen helfen? ...

Er wehrt ab, als falle sie ihm lästig, bleibt aber freundlich.

Mann: Danke, danke ...

Cabiria (nach einer Weile, fast aggressiv): Was soll das denn sein? ... Ein Wohltätigkeitsverein? ...

Er antwortet mit der Verdrossenheit eines Kindes.

Mann: Nein ...

Cabiria begreift nicht.

Cabiria: Und wer bezahlt Sie? ...

Nur ein sanftes und ein wenig ironisches Lachen ist die Antwort. Fast im selben Moment läßt eine rauhe, kräftige Stimme Cabiria sich dem Gemäuer zuwenden.

Atombombe (off): Ah, sieh mal wer da ist!... Gott segne dich!

Unter einem mit morschen Brettern und Eisenblech geschlossenen Bogen des Aquädukts kommt fast auf allen vieren eine riesige alte Frau heraus; sie hat einen mächtigen, zerzausten Haarschopf über dem sonnenverbrannten Gesicht. Ihre Züge verraten, daß sie früher einmal außerordentlich schön war. Die Frau verbeugt sich, indem sie wiederholt die Hände über dem enormen Busen faltet.

Atombombe: Bist du also doch gekommen!... Und ich hatte dich erst am nächsten Samstag erwartet!... Ich dachte bei mir: nun ist er am Mittwoch gekommen, und da er alle neun bis zehn Tage kommt – so dachte ich – wird er sich Samstag wieder blicken lassen!... Und statt dessen bist du auch heute gekommen!... Ach, wie lieb von dir, daß du mich besuchst und tröstest... Wer denkt denn noch an so eine unglückliche Person?!... Meine Kinder?... die! Wann erinnern die sich schon an mich?...

Cabiria hat sie voll Staunen erkannt.

Cabiria (neckend und herzlich): Ah, die Bombe!

Dann wendet sie sich triumphierend an den Mann, der inzwischen seinen Sack auf den Boden gestellt hat und darin herumwühlt.

Cabiria: Die da, die kenn ich, wissen Sie!... (dann wieder zu ihr) Bombe, da bist du also?...

Die riesige Dame schenkt ihr nur einen kurzen, nicht sehr wohlwollenden Blick und fährt dann sogleich mit ihrer Rede an den Mann mit dem Sack fort, in einem Ton, der teils mütterlich, teils klagend und stolz ist.

Atombombe: Hätte ich das noch, was ich einmal hatte, dann ja, dann würden sich alle an mich erinnern... damals suchten sie mich auf... Wohnung in Parioli, Wohnung in Ostia, alle sieben Schönheiten und das Geld auf der Bank ... und Gold, Armbänder, Ringe, all die Herrlichkeiten...

Aufgeregt mischt sich Cabiria wieder ein, froh darüber, zeigen zu können, daß sie Bescheid weiß.

Cabiria (zum Mann): Wissen Sie, das ist wahr... Man würde es nicht glauben, aber in ihren guten Zeiten hatte diese Blunze...

Atombombe: Hier kann ich mich nicht einmal kämmen
. . . aber wenn ich eine etwas dekolletierte Bluse anziehe und
die weißen Ohrringe . . .

Ohne hinzuschauen, hat sie die Pakete genommen, die der Mann
ihr gebracht hat: jetzt wird sie sich ihrer mit kindlicher Freude
bewußt.

Atombombe: Uh! . . . Auch Kuchen hast du mir
gebracht! . . . Laß mich sofort sehen! . . . Uh, mit Schokolade
und Pinienkernen! . . . Donnerwetter, so viele Pinienkerne!
So als hätte es drauf geschneit! . . . Oh, wie lieb . . .

Während der Mann den Sack schließt und im Begriff ist wegzuge-
hen, beginnt die Frau, die Pakete an die Brust drückend, wieder
mit ihren Verbeugungen.

Besuch mich bald wieder! . . . Das sage ich nicht wegen der
Sachen, die du mir bringst, sondern weil du mein Trost
bist . . . du munterst mich auf . . .

Sie ist ergriffen und spricht immer lauter, bis sie schließlich beinahe schreit, während das Auto sich entfernt.

Der Herr möge dich behüten vor allem Bösen, mein
Sohn! . . .

Fiat. Innen. Tag (Morgendämmerung).

Der alte Fiat fährt in mäßigem Tempo; vor den Fenstern ziehen
im weißlich grauen Licht des frühen Morgens die großen Paläste
und Kirchen der Peripherie vorbei.

Schweigend, in Gedanken vertieft, sitzt der Mann am Steuer.
Cabiria, neben ihm, ist ganz aufgeregt, aber sie will es nicht zeigen. Sie sieht ihn verstohlen an.

Cabiria: Es hat bestimmt viele, die nichts zu beißen haben
in Rom . . .

Der Mann lächelt ein wenig, er antwortet nicht. Cabiria
schweigt einen Augenblick und beginnt dann wieder.

Cabiria: So kleine Ausflüge . . . nachts . . . machen Sie das
oft?

Der Mann antwortet freundlich, aber zerstreut.

Mann: Sicher noch nicht genug.

Cabiria: Ginge das nicht ebenso gut am Tag?

Mann: Oh, nein . . . Am Tag sind diese Ärmsten unterwegs.
Wo soll ich sie da finden? . . .

Cabiria schaut ihn verblüfft an; dann stellt sie, sozusagen als Kollegin, fest:

> *Cabiria:* Sieh mal an!... Ich bin nachts auch draußen und habe Sie aber noch nie angetroffen!... (Pause) Wie ist Ihnen denn die Idee gekommen, diesen... ja... diesen Beruf auszuüben?...

> *Mann* (lächelt ein wenig, ohne sie anzuschauen): Das weiß ich selber nicht... einfach so, nach und nach...

Mit diesen Worten hat er den Wagen angehalten.

So, da ist die Straßenbahn!...

Er wendet sich Cabiria zu, die ihn anstarrt; er fragt:

Wie heißt du?...

Ihn immer noch anstarrend, antwortet Cabiria mechanisch.

> *Cabiria:* Ceccarelli, Maria...

> *Mann:* Allein?...

> *Cabiria:* Ja... mein Vater und meine Mutter sind schon eine Weile tot... Ich kam als Kind nach Rom...

Der Mann öffnet die Wagentür und legt seine Hand auf Cabirias Arm.

> *Mann:* Leb wohl... geh schlafen, arme Kleine...

Cabiria ist von einer wirren Gemütsbewegung erfaßt; sie steigt sofort aus, eifrig bereit zu gehorchen. Sie weiß nicht, was sie sagen soll. Sie bleibt stehen, während der Mann die Türe schließt und ihr noch zuwinkt.

> *Mann:* Leb wohl...

> *Cabiria* (verwirrt): Guten Tag...

Aber noch immer steht sie da und zögert. Dann plötzlich ergreift sie seine Hand und drückt sie heftig.

> *Cabiria:* Wissen Sie, wem Sie gleichen? Einer Schwester, die wir hatten, als ich noch ein Kind war, in meinem Dorf, wo ich geboren wurde. Sie war die beste Schwester im Heim. (Gerührt und begeistert) Ich erinnere mich, als sei es heute gewesen: eines Tages weinte ich sehr. Vielleicht hatte ich mir weh getan, oder ein anderes Mädchen hatte mich geplagt. Und ich erinnere mich, wie diese Schwester mich in die Arme nahm, mich liebkoste, besser als wenn sie meine eigene Mutter gewesen wäre. Und dabei sagte sie zu mir (sie imitiert ungeschickt die emilianische Aussprache): ›Mein armes Kleines, mein armes Kleines‹...

Cabiria ist so ergriffen, daß sie die Tränen nicht zurückhalten kann. Sie wendet sich ab, um es nicht zu zeigen. Und plötzlich entfernt sie sich vom Wagen und geht mit einem vom Weinen verzogenen Gesicht zur Tramstation.

In diesem Moment strömen Scharen von Arbeitern und Angestellten von der Endstation her, überfluten den Platz und zerstreuen sich in alle Richtungen.

Cabiria, gegen den Strom ankämpfend, verliert sich in der Menge, geht darin unter.

Straße und Hügel ›Divino Amore‹. Außen. Tag.

Eine Woche später.

Es ist der Sonntag des großen Festes in der Wallfahrtskirche ›Divino Amore‹.

Immer dichter wird das Gedränge von Automobilen, Cars, Motor- und Fahrrädern, je mehr man sich auf der durch Felder führenden Straße der spärlich bewachsenen Hügelkuppe nähert, die von der Kirche und den Klosterbauten gekrönt ist.

Rechts und links auf der Straße gehen ungeordnet zwischen all den Wagen die Wallfahrergruppen: schwarz gekleidete Frauen, den Schleier vor dem Gesicht und den Rosenkranz in der Hand, angeführt von einem Priester, der die Litaneien anstimmt; Männer, unterm Hemd ein Tuch um den Hals geschlungen; festlich gekleidete Kinder; Mönche und Nonnen.

Stoßgebete vermischen sich mit Motorengeknatter, mit Zurufen und mit dem Geschrei der Lambretta- und Radfahrer, die, große, grelle Papierhüte tragend, auf ihren mit bunten Papierblumen geschmückten Rädern Kotflügel und Fußgänger streifen.

Eingekeilt in die Wagenkolonne, die zusehends langsamer vorwärts kommt, fährt auch Marisas Fiat 600. Ihrer sechs sind darin eingepfercht: Cabiria sitzt vorn zwischen Wanda und der lenkenden Marisa; hinten sind Marisas Freund Amleto, die Französin und ein anderes Hürchen, das wir Patrizia nennen wollen. In einem gleichen Fiat, dicht hinter ihnen, sitzt der Lahme am Steuer und neben ihm ein anderer seines Schlags, ein kleiner Schmarotzer, der schon in der Passeggiata Archeologica flüchtig aufgetaucht ist.

Durch die Scheiben sieht man erregte, fröhliche Gesichter wie bei einem Sonntagsausflug; alle lachen, zeigen einander die Vorübergehenden, machen Witze.

Die beiden Fiat erreichen den Parkplatz.

Es ist bereits schwierig, einen Platz zu finden: der Andrang von Fahrzeugen und Fußgängern ist gewaltig.

Marisa findet noch eine ganz schmale Lücke, da bleibt ihr Fiat stehen; lachend und schwatzend springen die Mädchen heraus. Sie helfen dem Lahmen beim Aussteigen.

Cabiria steht da und schaut herum wie betäubt. Die andern zieht es sofort zu den Ständen mit Süßigkeiten und Papierblumen. Wanda dagegen geht vorsorglich zu den Kerzenhändlern. Patrizia, ein etwas arrogantes Persönchen, reagiert darauf mit leicht verächtlichem Lächeln, während sie an ihrem Zuckerzeug lutscht.

> *Patrizia:* Wer geht denn schon dort hinauf? . . .
>
> *Cabiria* (aggressiv): Was soll das heißen . . . Wer geht dort hinauf? . . .
>
> *Patrizia:* Ich erwarte euch hier . . . Geht nur und laßt euch die Knochen zermalmen . . . Ich glaube sowieso nicht an diese Dinge . . .
>
> *Cabiria* (aggressiv): Wozu haben wir dich dann mitgenommen? . . . Das hat man gern! . . .

Patrizia zuckt die Achseln und drückt sich einen scheußlichen bunten Papierhut auf den Kopf.

> *Patrizia:* Stehle ich denn jemandem die Luft, wenn ich hier bin? . . . Geht nur, geht . . . Ich mache euch inzwischen das Mittagessen bereit . . .
>
> *Marisa* (vorwurfsvoll): Hätte ich das gewußt, ich hätte dich nicht mitgenommen . . .

Wanda vermittelt gelassen und verständnisvoll.

> *Wanda:* Laßt sie doch . . . So etwas kann man nicht befehlen . . . Wenn sie keine Religion hat . . . Kommt, Mädchen, kauft euch eine Kerze! . . .

Sie reicht Cabiria eine ihrer beiden Kerzen, während die andern sich um eine alte Kerzenhändlerin scharen.

> *Wanda:* Da! . . . ich habe auch für dich eine genommen . . . Du schuldest mir dann dreihundert Lire . . .

Cabiria nimmt die Kerze und schaut entzückt auf eine Pilgerschar, die singend, mit brennenden Kerzen vorbei zieht.

Den Weg hinauf, der zum Sanktuarium führt, steigen in endloser Kolonne die Wallfahrer. Fast alle haben brennende Kerzen; viele singen, andere beten Litaneien.

Cabiria bewegt sich mit Wanda und Lina in der Menge vorwärts; alle drei tragen brennende Kerzen. Sie scheinen sehr beeindruckt vom ganzen Geschehen, besonders Cabiria.
Wanda sieht sich um.

Wanda: Wo ist Marisa!...
Auch Lina sucht mit den Blicken die Kameradinnen.

Lina: Dort!... Sie ist bei Luciana!... (sie winkt und ruft):
Marisa!...
Ziemlich viel weiter vorn steckt Marisa zusammen mit Luciana
mitten im Gedränge; sie winkt zurück. Weiter hinten schleppt
sich der Lahme mit Hilfe des andern Zuhälters bergauf.

Marisa: Da bin ich!...
Cabiria und ihre beiden Kameradinnen kommen an einem Bildstock des Kreuzwegs vorbei, um den das Gedränge noch größer
ist: vor dem Bildstock stehend, erläutert ein Mönch seiner Wall-
fahrergruppe die Bedeutung dieser Station. Um sich verständlich
zu machen, schreit er laut.
Cabiria hört ihm verzückt zu und vergißt dabei die Kameradinnen.

Mönch:... nicht der Gerechte, der leidet, ist zu beklagen,
sondern der Sünder, der, berauscht von den falschen Freu-
den der Sünde, ins ewige Verderben läuft, wo er die
Strenge Deiner Gerechtigkeit fühlen wird...
Wanda, die mit Lina schon weiter geschleust worden ist, dreht
sich um und schaut nach Cabiria aus.

Wanda (ruft): Cabiria!...
Cabiria hört sie nicht: sie schließt sich dem Gesang der Pilger um
den Mönch an; sie ist sehr ergriffen.

Chor: Eia, mater, fons amoris, me sentire vim doloris fac
ut tecum lugeam...[1]
Wanda gelingt es, zu ihr zu kommen, sie nimmt sie am Arm und
schleppt sie vorwärts.

Wanda: Cabi!... Was machst du?...
Dann schaut sie umher.
... Jetzt haben wir auch Lina verloren!...
Kräftige Stimmen lassen die Leute aufhorchen, und die Menge
teilt sich. Auch Cabiria und Wanda weichen zur Seite.

---

[1] Hör mich Mutter, Quell der Liebe! Laß mich fühlen die Gewalt des Schmerzes,
damit ich mit dir leide...

Stimmen: Bahn frei . . . Bahn frei! . . . Platz da! . . .
Ein paar verschwitzte Männer rücken mühsam vor, sie bringen auf einer Bahre eine kranke Frau zur heiligen Stätte. Ein Mädchen begleitet sie und bedeckt das Gesicht der Frau.
Mitleidiges Gemurmel der ergriffenen Leute folgt dem kleinen Zug.
Die Träger: Bahn frei! . . . Platz da! . . . Geh doch weg! . . .
Cabiria vergißt Wanda schon wieder, diese, schon weiter vorn, dreht sich um und ruft nach ihr.
Wanda: Cabiria! . . .
Auf dem kleinen Platz vor dem Eingang zur Wallfahrtskirche ist der Andrang noch größer.
Mitten im Gewühl werden Marisa und Luciana zur Tür gestoßen.
Man hört leise Schreie von eingekeilten Frauen. Aus dem Stimmengewirr heben sich einzelne Rufe ab.
Stimmen: Sachte! . . . Drängt nicht! . . . Langsam! . . .
Marisa dreht sich um, so gut sie kann, um mit den Blicken die Kameradinnen zu suchen; Luciana ist nicht weit von ihr entfernt.
Marisa (ruft ihr zu): Wo ist Cabiria? . . .
Mit Zeichen gibt ihr Luciana zu verstehen, sie wisse es nicht.
Marisa erblickt weiter hinten Wanda und Cabiria.
Marisa (ruft): Wanda! . . .
Sie wird von der Menge ins Innere gestoßen und verschwindet.
Cabiria und Wanda bewegen sich so gut sie können dem Eingang zu.
Wanda (zu Cabiria): Bleib in meiner Nähe . . .
Bärenstarke, verschwitzte Männer versuchen am Eingang mit aller Kraft, den Zustrom der Leute zu regulieren.
Cabiria wird zu ihnen hingeschleust; der Mann stößt sie zurück, die Menge drängt sie wieder nach vorn. Eine Weile lang wird Cabiria wie ein Ball hin und her geworfen und dreht sich um sich selbst.
Rufe: Langsam! . . . Langsam! . . . Bleibt da hinten . . . Heda! . . . Bleibt doch stehn! . . .
Cabiria bekommt nach und nach Angst, sie schreit.
Cabiria: Wanda! . . .
Die heranflutende Menge stößt Cabiria plötzlich durch den Eingang ins Heiligtum, aus dem Kirchengesang ertönt.

Wallfahrtskirche ›Divino Amore‹. Innen. Tag.

Im Innern läßt der Druck sogleich nach. Cabiria kommt wieder zu Atem und kann sich umsehen. Die übervolle Kirche erstrahlt im Lichter- und Kerzenschein.
Die Menge zieht langsam vor dem Heiligenbild vorbei. Viele legen die letzten paar Meter auf den Knien zurück. Die Klänge der Orgel begleiten den Kirchengesang.
Cabiria ist sehr bewegt. Wanda gelingt es, sich wieder neben sie zu stellen.
   Wanda (flüstert): Wie schön! . . .
Cabiria nickt versonnen.
Die brennende Kerze in der Hand, bewegen sich beide auf das Bild zu, auf das sie ihre Blicke fest gerichtet haben. Sie sind nicht mehr weit von der Balustrade entfernt, direkt hinter denen, die niederknien; jetzt kniet auch Cabiria wie die andern hin. Wanda zögert noch ein wenig, dann tut sie es auch.
Sie rücken kniend vor.
Der Mann, der sich vor Cabiria befindet, beugt sein Haupt zur Erde, schlägt sich auf die Brust und ruft laut . . .
   Mann: Ich bin ein Sünder! . . . Bin ein Erdenwurm! . . . Bin ein Sünder! . . .
Cabiria ist tief beeindruckt.
Sie beugt sich vor, um das Gesicht des Büßers zu sehen; Wanda flüstert ihr rasch zu . . .
   Wanda: Bitte um eine Gnade . . . vergiß es nicht! . . .
Darauf ist Cabiria nicht vorbereitet.
   Cabiria (drängend zu Wanda): Was soll ich mir erbitten, sag mir's doch!
Wanda zuckt die Achseln.
   Cabiria (insistiert): Ich habe doch alles . . . Um was bittest du? . . .
   Wanda: Daß mein Freund sich in Rom niederlassen kann . . . So kann er arbeiten und mich aus dem Gewerbe rausholen . . .
Cabiria denkt einen Augenblick angespannt nach, dann leuchtet ihr Gesicht plötzlich.
   Cabiria (flüstert Wanda zu): Ich bitte darum, daß die Stadtplanung mir die ›Verwarnung‹, sie würden mein Haus abreißen, zurückzieht . . . Ich habe es gerade fertig

abbezahlt . . . (Sie denkt einen Augenblick nach und fügt dann ernster hinzu): Ich bitte noch um etwas anderes.
Wanda nickt zustimmend.
Auf den Knien vorrückend sind die beiden Mädchen vor die Balustrade gelangt, wo drei Mönche in weißen Chorröcken sich mit der Entgegennahme der gestifteten Kerzen abmühen.
Die Augen feucht vor Ergriffenheit und fest auf das Heiligenbild gerichtet, überreichen Cabiria und Wanda ihre Kerzen.

Wiesen ›Divino Amore‹. Außen. Tag.

Auf den Wiesen rings um den Hügel mit der Wallfahrtskirche sitzen Pilger und Ausflügler in Gruppen beim Essen und Trinken. Gitarren- und Grammophonmusik, Lieder und Gelächter erklingen von Wiese zu Wiese.
Die sechs Mädchen haben ihr Picknick fast beendet. Sie sind alle in euphorischer Stimmung: der Ausflug, die frische Luft, der Wein haben sie in eine Art Rauschzustand versetzt.
Sie lachen, scherzen, streiten, singen.
Eine Kleinigkeit genügt, um allgemeines Gelächter hervorzurufen oder einen Wortwechsel, der dann wieder in Liedern und Lachen endet.
Cabiria sitzt still und versonnen da. Sie hat wie gewohnt ihr kleines Radio aufgedreht, aber es scheint, als höre sie weder die Musik noch den Lärm der andern.
Der Lahme sitzt am Boden, ißt kräftig und lacht zufrieden dabei; jemand spöttelt wegen der ausgebliebenen Gnade, er scheint aber weder betrübt noch beleidigt zu sein.
Wanda und Marisa tanzen zusammen. Patrizia kreischt, weil sie eine Ameise sieht; sie ärgert sich über Wanda, die das Landleben schön findet, und sie sagt, sie sei in Rom zur Welt gekommen, auf dem Lande möchte sie nicht einmal begraben sein.
Cabiria bricht unvermittelt ihr bisheriges Schweigen und beginnt in maßloser, fast zorniger Erregung zu sprechen. Aus ihren Worten geht hervor, daß sie um die Gnade gebeten hatte, ihr Leben zu ändern; und die Enttäuschung darüber, daß sie sich noch gleich fühlt wie vorher, hat nun jede Hemmung in ihr beseitigt.
Sie hat schon etliches getrunken; sie lacht, sie zankt, und – unter-

brochen von den stichelnden Zwischenrufen der Kameradinnen – erzählt sie, daß ihre Tante in Australien ein Haus hat, in dem sich hinter den Schiebewänden Schränke mit hundert, ja zweihundert Kleidern verbergen ... und daß es dort wunderbare Bäder aus farbigem Marmor gibt ...

In ihrer Beschreibung ist das Haus der erfundenen australischen Tante genau so wie die Villa des Schauspielers.

Dann kommen die jungen Männer. Fünf oder sechs Burschen haben Cabirias Gruppe entdeckt und die Mädchen sofort identifiziert. Von weitem werfen sie Brotstücke nach den sechs Frauenzimmern, die ihnen auch als Zielscheiben für allerlei spöttische Bemerkungen dienen.

Die Mädchen lachen, tun gekränkt und lachen von neuem.

Sie begreifen sehr wohl, daß man sie erkannt hat, doch regt sie das auch an.

Die Scherze und die immer gewagteren Witze der jungen Leute, die allmählich näherkommen, bestricken sie schließlich.

Die Burschen setzen sich in ihren Kreis.

Sie witzeln, lassen Schwärmer und Knallfrösche los und greifen nach den Mädchen.

Sie wollen tanzen; Cabiria und ihre Freundinnen können sich nichts Besseres wünschen.

Cabiria geht mit einem tanzen, dann mit einem andern.

Sie ist halb betrunken. Daß der Ton der Späße alles andere als schmeichelhaft ist, wird ihr gar nicht bewußt. Sie nimmt alles für bare Münze, glaubt sich bewundert, begehrt, beinah umworben. Sie tanzt, lacht und redet. Bis ihr schlecht wird und sie ohnmächtig zu Boden fällt.

Straße zwischen Rom und ›Divino Amore‹. Außen. Nacht.

Die letzten Strahlen der untergehenden Sonne erlöschen, die Campagna liegt schon im Dunkel.

Hunderte von Wagen mit eingeschalteten Scheinwerfern fahren der Stadt Rom zu: ein flimmernder Tanz von Lichtern und Schatten.

Zwischen den Wagen durch flitzt das leichte Motorrad, auf dem Soziussitz Cabiria, sich an den Rücken des Unbekannten klammernd, mit dem sie die letzten Stunden verbracht hat.

Sie begreift fast nichts mehr; sie ist ganz benommen von diesem Tag im Freien, vom Wein und von dem Durcheinander.
Plötzlich bremst das Motorrad scharf.

Bursche (laut im Lärm der Motoren): Heda! ... Wach auf! ... Steig ab! ...

Die Augen halb geschlossen, steigt Cabiria folgsam ab, ohne recht zu verstehen warum. Wie sie aber sieht, daß das Motorrad anfährt, ist sie plötzlich hellwach.

Cabiria: Wo fährst du denn hin? ... Und mich läßt du hier? ...

Bursche (ruft, schon im Fahren): Ja, Puppe! ... Was glaubst du denn, ich mache Hauslieferdienst?

Cabiria versucht, ihn einzuholen.

Cabiria: Warte! ... Laß mich aufsitzen! ...

Er dreht sich nicht einmal um; seine Kameraden flitzen auf ihren Motorrädern lärmend um Cabiria herum, sie schreien und fluchen.

Stimmen: Bahn frei! ... Bahn frei! ...

Cabiria hat zurückweichen müssen, an den Straßenrand; aus vollem Halse schreit sie ein Schimpfwort, das aber im Getöse des Verkehrs untergeht.

Etwas verloren schaut sie dann um sich und versucht, sich zu orientieren; sie befindet sich am Rande eines der äußersten Quartiere. Sie bringt sich wieder einigermaßen in Ordnung, brummt etwas vor sich hin und macht sich wieder auf den Weg ...

Vorstadt-Kinotheater. Außen. Nacht.

Eine Stunde später.
Eine elektrische Klingel läutet in einem fort am Eingang eines schäbigen Vorstadt-Kinotheaters. Cabiria steht davor und betrachtet das Plakat neben der Tür: ein Herr in Frack und mit rotem Fez ist darauf zu sehen; in der Hand hält er einen Stab und eine Glaskugel; bläuliche Rauchspiralen hüllen ihn ein, und ringsum zeigen sich Teufelsfratzen.
Die Klingel läutet immer fort.
Cabiria sieht noch abgekämpft und unordentlich aus.
Sie späht ins Innere: von der Kasse her – einem Verschlag aus

Holz und Glas – fixiert sie schweigend eine dicke, etwas verschlafene Frau. Cabiria sieht die Frau an; und gleichsam angezogen von diesem Blick, geht sie auf die Kasse zu.
Wortlos reißt die Frau eine Karte ab und reicht sie Cabiria, während sie deren Geld in Empfang nimmt.

Vorstadt-Kinotheater. Innen. Nacht.

Cabiria tritt ein.
Der schäbige Raum ist im Halbdunkel, nur die Bühne ist erleuchtet. Es hat nicht viele Leute.
Ein wohlbeleibter Mann mittleren Alters mit langsamen, weichen Bewegungen zeigt auf der Bühne fast gelangweilt seine Taschenspieler-Tricks. Er trägt Frack und Fez.
Ein als Odaliske gekleidetes Mädchen wirkt als Assistentin mit.
Cabiria, die durch eine Seitentüre nicht weit von der Bühne eingetreten ist, bleibt stehen, sogleich von der Vorstellung fasziniert.
Auf einem Tischchen, das bedeckt ist mit einem blauen, von Sternen übersäten Tuch, befindet sich eine riesige Kassette: daraus steigt langsam und scheinbar ganz von alleine eine große Spielkarte auf.
Ein paar Schritte vom Tischchen entfernt steht der Taschenspieler und Hypnotiseur; mit den Händen macht er Zeichen in Richtung der Schachtel, so als ziehe er die Karte magnetisch an.
    Hypnotiseur: Herz drei ... Herz drei ... Herz drei ...
Er geht zum Tischchen, hebt die Kassette hoch, um dem Publikum die nun völlig aufgetauchte große Karte zu zeigen: es ist Herz drei.
    Hypnotiseur: Herz drei, meine Herrschaften ... Kontrollieren Sie bitte: Herz drei.
Er schaut nach rechts und links in den stillen Saal.
    Hypnotiseur (wahllos irgendwelche Leute fragend): Eine andere Karte, meine Herrschaften ... Bitte, meine Herrschaften ... Eine andere Karte ... Wer will eine andere Karte? ...
Da er Cabiria nahe bei der Bühne sieht, wendet er sich an sie.
    Hypnotiseur: Fräulein, bitte... Nennen Sie eine Karte ...
    Cabiria (prompt): Karo Dame ...

Der Hypnotiseur reicht der Odaliske die Kassette, und diese stellt sie wieder auf das Tischchen.

Hypnotiseur: Karo Dame, ausgezeichnet, Fräulein . . . Das Fräulein wünscht Karo Dame; ausgezeichnet, Fräulein . . . Karo Dame . . .

Er macht wieder die gewohnten Gesten gegen die Kassette hin.

. . . Karo Dame . . . Karo Dame . . .

Cabiria blickt gespannt auf die Kassette.

Heraus kommt langsam eine Karte: Karo Dame. Die Stimme des Hypnotiseurs wiederholt schläfrig und wie besessen . . .

Hypnotiseur (off): Karo Dame . . . Karo Dame . . .

Er nimmt die Kassette, aus der die Karo Dame herausgekommen ist, und zeigt sie Cabiria und dem Publikum.

Hypnotiseur: Karo Dame, Fräulein . . . Das Fräulein hatte Karo Dame verlangt, da ist Karo Dame . . .

Vereinzelter Applaus im Saal; Cabiria ist sehr interessiert und erstaunt, aber sie will es nicht zugeben. Sie klatscht nicht. Argwöhnisch beobachtet sie den Taschenspieler und die Leute im Saal, so als vermute sie ein Komplott zu ihrem Nachteil.

Cabiria (halblaut): Kunststück . . . Da war doch eine drin!

Der Hypnotiseur übergibt die Kassette wieder der Odaliske, die sie hinten auf die Bühne stellt, dabei sagt er . . .

Hypnotiseur: Meine Herrschaften, diese Experimente basieren auf einfacher, reiner Geschicklichkeit . . . Da ist keine Magie, da sind keine sogenannten metaphysischen Kräfte im Spiel . . .

Während er in leierndem Ton spricht, zieht er wie beiläufig aus einem Zylinder, der auf dem Tisch steht, Dutzende von Spielkarten, bunte Bänder und anderes heraus.

Hypnotiseur: Fingerfertigkeit, meine Herrschaften, die sehr leicht zu unerlaubten Zwecken verwendet werden könnte . . . Ja, Herrschaften, ich könnte der gerissenste Taschendieb des Jahrhunderts sein und absolut nicht zu erwischen . . . Aber ich ziehe es vor, ehrlich mein Brot zu verdienen, wie es unser aller Recht ist.

Und jetzt gehen wir über zum zweiten Teil der Vorführung, das heißt, zu Experimenten, die wirklich auf Magnetismus beruhen . . .

Er reicht den Zylinder der Odaliske und wendet sich wieder ans Publikum.

Bitte, Herrschaften, möchte sich jemand für diese Experimente zur Verfügung stellen? ...

Er zeigt auf jemanden im Saal.

Sie? ... Sie? ... Bitte, meine Herren ... Sie, junger Herr? ... Es ist völlig gefahrlos ... Es sind wissenschaftliche Experimente, von der offiziellen Wissenschaft anerkannt ... Sie? ... Danke ... Sie? ... Kommen Sie bitte ...

Drei oder vier junge Flegel begeben sich feixend nach vorn, der Bühne zu.

Cabiria geht auf Zehenspitzen zu einem freien Stuhl in der Saalmitte.

Der Hypnotiseur zeigt mit dem Finger auf sie.

Hypnotiseur: Sie, Fräulein? ...

Cabiria bleibt auf der Stelle stehen; erstaunt dreht sie sich um. Er insistiert gelassen, hinterhältig.

Hypnotiseur: Bitte, Fräulein ... Kommen Sie herauf ... Kommen Sie ...

Cabiria geht mechanisch ein paar Schritte auf die Treppe zu, auf der die Burschen bereits hinaufsteigen. Am Fuß der Treppe bleibt sie stehen.

Von der Bühne herab blickt der Hypnotiseur sie fest an und lädt sie ein, heraufzukommen.

Hypnotiseur: Steigen Sie herauf, Fräulein ... Keine Angst ... Mut! ... Wir sind alle gute Freunde ...

Cabiria steigt auf die Bühne, wo die Burschen schon in einer Gruppe beisammen sind. Der Hypnotiseur weist ihr einen Platz bei einer Kulisse an und wendet sich sofort an die andern, als hätte er Cabiria vergessen.

Hypnotiseur: Da ... Setzen Sie sich hierher ... Danke! ... Nun also ...

Er stellt sich vor die jungen Männer, die sich grinsend gegenseitig anstoßen, um eine gewisse Haltung vorzutäuschen; er blickt einen nach dem andern fest an.

Das Lächeln verschwindet sogleich aus diesen faden Gesichtern. Aus ihrem Winkel verfolgt Cabiria gespannt die Szene.

Der Hypnotiseur klopft einigen Burschen auf die Schultern und spricht teils zu ihnen, teils zum Publikum.

Hypnotiseur: Hat jemand von euch schon eine Meerfahrt gemacht? ... Ist jemand unter euch, der seekrank wird? ... Meine Herren, bitte!

Einer der Burschen antwortet naiv . . .

Bursche: Ich war auf der Insel Elba . . .

Eine Stimme aus dem Saal ruft:

Stimme: Portolongone![1] . . .

Vereinzelte Lacher im Saal, aber ohne Echo; der Hypnotiseur tut, als habe er es nicht gehört.

Hypnotiseur: Niemand wird seekrank? . . . Ausgezeichnet . . . Jetzt machen wir eine Bootsfahrt . . . Das Meer ist ruhig. Das Wetter ist gut.

Die jungen Leute sehen einander verblüfft an.

Der Hypnotiseur macht vor ihren Augen eine rasche Handbewegung.

Hypnotiseur (fährt fort): Man spürt das Meer kaum, nicht wahr, mein Junge? . . . Eine leichte Brise weht, es ist ein Vergnügen, die jodsalzige Luft in tiefen Zügen einzuatmen . . . man promeniert an der Sonne, während das Schiff mit vollen Segeln dahinzieht . . .

Die Gesichter der Burschen, erst unsicher, spöttisch und argwöhnisch, entspannen sich nun in einem Ausdruck ruhiger Glückseligkeit. Die Gruppe löst sich auf; einer geht langsam herum, die Luft in tiefen Zügen einatmend; ein anderer zieht die Jacke aus, als wäre ihm warm; alle scheinen vergnügt und glücklich.

Hypnotiseur: Schaut, die Delphine! . . .

Ein Bursche beugt sich über eine eingebildete Bordwand.

Bursche (ruft): Oh! . . . Die Delphine! . . .

Hypnotiseur: Jetzt sind wir schon weit draußen . . . die großen Wellen kommen . . . Man schwankt ein wenig . . . Es schlingert, es stampft . . .

Die Burschen beginnen zu schaukeln, sich mit den Füßen abzustemmen, so als wollten sie einem eingebildeten Schwanken des Bodens widerstehen; einer wird bleich, es sieht aus, als würde ihm übel.

Hypnotiseur: Fühlt ihr euch nicht wohl? . . . Ich habe euch doch extra gefragt, ob ihr leicht seekrank werdet . . . Ich habe euch gewarnt! . . . Es wird schlimm, Kinder, es wird schlimm! . . . Die Wellen werden größer. Hört, wie der Wind pfeift! . . . Haltet euch auf den Beinen, Kinder, haltet euch auf den Beinen . . .

1 Gefängnis auf Elba

Gesichter und Haltung der Burschen drücken jetzt zunehmendes Unbehagen, ja Schrecken aus.

Einer schlägt den Kragen hoch, andere schwanken, einer klammert sich an eine Kulisse.

Aus ihrem Winkel verfolgt Cabiria mehr und mehr beeindruckt die Szene.

> *Hypnotiseur* (off): Ein Sturm zieht auf, ein Sturm!... Wir müssen zurück an Land, hoffentlich schaffen wir's. An die Segel, Kinder!... Du ans Steuer!... Hiß jenes Segel!... Ran!...

Mühevoll und tief gebeugt, als ob der Wind und die Wellen mit ihnen spielten, führen die Burschen unbeholfen und jämmerlich die Bewegungen aus, die der Hypnotiseur ihnen suggeriert.

> *Hypnotiseur:* Klar zum Wenden!... Wir sind an den Klippen... Alles ist verloren!... Das Schiff sinkt. Rette sich, wer kann!...

Irrer, jammervoller Schrecken breitet sich auf der ganzen Bühne aus: einer fällt auf die Knie, einer rauft sich die Haare, einer weint:

> *Die Burschen:* Mamma... Mamma!... Rette mich, Madonna!... Ich will nicht sterben!... Mammina mia!...

Cabiria ist tief beeindruckt, ihre Erregung tut sich in wilder Freude kund: sie lacht aus vollem Halse, sie beißt vor Angst auf einen Finger und lacht von neuem...

Auch das Publikum lacht, pfeift und lärmt.

Der Hypnotiseur macht eine rasche Handbewegung; das Schreien und Weinen hört sofort auf: in grotesken Stellungen über die ganze Bühne verteilt, erwachen die Burschen.

Im tosenden Lärm, der aus dem Saal herauf kommt, schauen sie sich bestürzt um. Unbeholfen bringen sie sich wieder in Ordnung. Der Hypnotiseur, mitten unter ihnen, klopft dem einen väterlich auf die Schulter und geleitet sie alle zur kleinen Treppe, die ins Parkett führt.

> *Hypnotiseur:* Danke, Kinder... Guten Abend... Danke.

Taumelnd und wie betäubt drängen sich die Burschen zur Treppe und steigen in den Saal hinunter. Wie sie an Cabiria vorbeikommen, lacht diese sie fröhlich aus.

> *Cabiria:* Haha... eher mager... eure Darbietung...

Dann merkt sie plötzlich, daß der Hypnotiseur vor ihr stehen geblieben ist; ein hämisches Lächeln im Gesicht, fixiert er sie aus halbgeschlossenen Augen.

Ihr Ausdruck wird finster, argwöhnisch, unwillkürlich nimmt sie eine feindselige Haltung an.

Hypnotiseur: Frau oder Fräulein?

Cabiria ist einen Augenblick lang verlegen und murmelt dann zwischen den Zähnen . . .

Cabiria: Fräulein . . .

Sie wird wieder aggressiv.

Hypnotiseur: Haben Sie sich amüsiert, Fräulein?

Cabiria schneidet eine Grimasse, wie um zu sagen ›so so‹ . . .

Hypnotiseur (fährt fort): Sind Sie aus Rom? . . .

Cabiria: Aus Rom, ja . . .

Hypnotiseur: Wo wohnen Sie? . . .

Einen Moment lang ist Cabiria sichtlich unentschlossen.

Hypnotiseur: Colonna? . . . Prati? . . . Parioli? . . .

Cabiria: Prati . . .

Der Hypnotiseur macht eine rasche Handbewegung vor Cabirias Gesicht, dessen Ausdruck sich sogleich ändert.

Hypnotiseur: Nun, Fräulein, im Vertrauen, wo wohnen Sie? . . .

Cabiria (mit aufgerissenen Augen und veränderter Stimme): In San Francesco[1].

Das Publikum lacht laut.

Der Hypnotiseur macht eine rasche Handbewegung vor Cabirias Augen, sie wacht wieder auf, und da sie lachen hört, schaut sie aggressiv um sich; sie versteht nichts.

Cabiria: Na? . . . Was gibt's da zu lachen? . . .

Jovial und hinterhältig mischt sich der Hypnotiseur ein.

Hypnotiseur: Achten Sie nicht darauf . . . Man ist vergnügt . . . Sie sind nicht verheiratet, aber Sie möchten gern heiraten?

Cabiria macht jetzt mit, aber noch störrisch, und ihre Antwort ist ironisch.

Cabiria: Warum sollte ich heiraten? . . . Bin ich denn blöd?

Gelächter und Zurufe aus dem Publikum. Schläfrig und im Leierton spricht der Hypnotiseur weiter.

Hypnotiseur: Alle Mädchen wollen heiraten . . . Ich kenne

---

1 Ärmliches Dörfchen zwischen Ostia und Rom.

einen rechtschaffenen Jüngling ... einen tüchtigen Burschen, der eine Frau sucht ... Er würde Sie sehr gerne heiraten ...

Cabiria (noch im selben ironischen Ton): Mich? ...

Hypnotiseur: Er ist reich, schön, er reitet, fährt einen Ferrari. Wollen sehen, ob sich etwas kombinieren läßt ... Was sind Sie von Beruf? ...

Cabiria ist einen Moment lang verlegen. Um Zeit zu gewinnen, fragt sie finster:

Cabiria: Ich? ...

Dann wieder in ironischem Ton, aber aggressiver:

Hören Sie, ich fühle mich wohl, so wie ich bin ... Mir fehlt nichts ... Also ... Guten Abend ...

Und sie macht Miene, in den Saal hinunter zu gehen. Lautes Aufbegehren aus dem Publikum hält sie zurück. Sie wird wütend und fährt die Leute mit vulgärer Heftigkeit an.

Cabiria: Es fehlt mir wirklich nichts ...

Der Hypnotiseur mischt sich wieder ein, in der Absicht, sie zurückzuhalten.

Hypnotiseur: Umso besser! ... Das freut mich ... Sie sind also reich? ... Bankkonto? ...

Cabiria nickt bejahend, sie ist wütend und will jetzt Schluß machen; er aber insistiert.

Hypnotiseur: Hausbesitzerin? ...

Cabiria (leise; kurz und bündig): Das Haus, in dem ich wohne, gehört mir ... Und jetzt gehe ich ...

Hypnotiseur: Moment! ... Ich stelle Ihnen den jungen Mann vor ...

Er ruft in die Kulissen:

... Oskar! ...

Cabiria, verärgert und immer noch in der Defensive, ist einen Moment lang unschlüssig. Der Hypnotiseur gibt der Odaliske ein Zeichen, und sie setzt ein altes Grammophon in Betrieb. Während auf der Bühne ein langsamer Walzer erklingt, ruft der Hypnotiseur nochmals:

... Oskar! ...

Gegen ihren Willen schaut Cabiria in die Kulissen; und im selben Moment macht der Hypnotiseur eine Handbewegung auf ihren Kopf zu. Mit einemmal entspannt sich ihr finsteres, argwöhnisches Gesicht, sie lächelt verwirrt und überrascht, ihre Augen folgen dem Auftritt einer unsichtbaren Person.

Der Hypnotiseur tut so, als ob wirklich jemand eingetreten wäre: er stellt vor.

Hypnotiseur: Oskar . . . Fräulein Cabiria . . .

Cabiria streckt die Hand aus, sie lächelt verlegen, noch etwas widerstrebend.

Cabiria (flüstert): Freut mich . . .

Hypnotiseur: Jetzt habe ich euch vorgestellt und lasse euch allein . . . im stillen blühenden Garten . . . ihr könnt vertraulich miteinander reden . . . es hört euch ja niemand zu . . .

Das Publikum lacht; Cabiria hört nur die Stimme des Hypnotiseurs, der jetzt weiter spricht, als wende er sich einzig an sie.

Vorwärts, Fräulein . . . Sehen Sie nicht, daß Oskar Ihnen den Arm anbietet? . . .

Cabiria zögert noch, sie scheint betäubt.

Vorwärts, nehmen Sie seinen Arm . . . Da ist doch nichts Schlimmes dabei . . .

Cabiria antwortet ihm flüsternd, mit erregter Stimme, gleichsam beiseite sprechend.

Cabiria: Einfach so? . . . Ich habe ihn kaum erst kennengelernt . . .

Und schüchtern tut sie so, als gäbe sie dem unsichtbaren Kavalier den Arm und schreite langsam an seiner Seite.

Der Hypnotiseur zieht sich etwas zurück und spricht weiter, während aus dem Publikum brausendes Gelächter herauftönt.

Hypnotiseur: Geht spazieren . . . Die Wege sind von Blumen gesäumt . . . Die Vögel zwitschern . . . Oskar wagt nicht zu sprechen, er ist ein wenig schüchtern . . . und auch ergriffen. Jetzt sagt er: »Fräulein, schon so lange hab ich mir gewünscht, Ihre Bekanntschaft zu machen . . .«

Immer noch spröde, aber innerlich bebend und mit veränderter Stimme antwortet Cabiria, während sie mit gesenktem Kopf langsam weitergeht am Arm des unsichtbaren Kavaliers.

Cabiria: Warum? . . . Das kann ich wirklich nicht glauben . . .

Hypnotiseur: »Ich sah Sie so oft am Fenster . . . und sonntags in der Messe . . .«

Das Publikum lacht; Cabiria, den Blick gesenkt, antwortet nicht. Der Hypnotiseur fährt weiter.

Hypnotiseur: »Sie hielten den Blick immer gesenkt . . . Haben Sie mich nie bemerkt? . . .«

Cabiria lächelt ein wenig.

>Cabiria* (verwirrt und widerstrebend): Doch . . .

>Hypnotiseur:* »Sind Sie noch nicht verlobt?«

>Cabiria:* Nein.

>Hypnotiseur:* »War noch kein Mann in Ihrem Leben? . . .«

>Cabiria:* Nein . . .

Das Publikum bricht in schallendes Gelächter aus.

Cabiria hört nichts davon. Mit einem verzückten Lächeln auf den Lippen hat sie so getan, als ziehe sie ihren Arm aus demjenigen von Oskar; sie beugt sich nieder, als hätte sie Blumen gesehen und berührte sie leicht mit den Fingern.

Der Hypnotiseur spricht nun wieder für sich selbst, immer noch im gewohnten Ton, unbeteiligt, beinahe zerstreut.

>Hypnotiseur:* So ist's gut, ausgezeichnet! . . . Die Blumen . . . Blumen pflücken . . . Sehr gut . . . Oskar sagt: »Fräulein, ich möchte Sie recht oft wiedersehen . . . Ich habe ernsthafte Absichten.«

Sanft lächelnd erhebt sich Cabiria wieder; mit einer lieblichen Geste bietet sie dem imaginären Oskar die Blumen an, die sie gepflückt zu haben glaubt.

>Hypnotiseur:* »Danke, Fräulein . . . Wie heißen Sie?«

>Cabiria* (treuherzig lächelnd): Cabiria . . .

Riesengelächter im Publikum.

>Hypnotiseur* (spricht weiter): »Was für ein schöner Name! . . . Danke, Fräulein Cabiria. Diese Blumen will ich als mein kostbarstes Gut bewahren . . . Gestatten Sie . . . Darf ich um einen Tanz bitten? . . .«

Dann kommentiert der Hypnotiseur wieder:

. . . Das kleine Orchester spielt einen wunderschönen Walzer . . . Eins zwei drei . . . eins zwei drei . . .

Cabiria stellt sich so, als beginne sie mit Oskar zu tanzen, langsam hebt sie an, sich zu drehen, in ihrer Haltung immer mehr sich hingebend, mit verzücktem Lächeln.

>Hypnotiseur:* »Ich bin reich, aber allein und unglücklich . . . Was bedeuten schon Reisen, Grand Hotels, ein Ferrari? . . . Rauch und Illusionen . . . Ich wünsche mir ein Heim, Kinder . . . eine Frau wie Sie . . .«

>Cabiria* (mit schmerzlichem Lächeln): Als ich achtzehn war! . . . Damals hätten Sie mich sehen sollen! . . . Ich hatte so lange schwarze Haare . . .

Das Publikum lacht. Unter den Leuten ist ein schwarzäugiger Herr mittleren Alters, der die Szene schweigend und ernst verfolgt.

Auf der Bühne dreht sich Cabiria weiter im Tanz.

> *Hypnotiseur* (fährt fort): »Für mich ist es, als seien Sie immer noch achtzehn . . .«

Auf Cabirias Gesicht erscheint ein Ausdruck der Glückseligkeit, der Verzückung.

Zögernd und ganz ergriffen fragt sie . . .

> *Cabiria:* Dann ist es wahr . . . Sie versuchen nicht, mich zu täuschen? . . . Ist es wirklich wahr, daß Sie mich liebhaben? . . .

Aus dem Saal herauf steigt hämisches Gelächter; der Hypnotiseur, der diesen letzten Satz mit plötzlichem Unbehagen vernommen hat, macht eine rasche Handbewegung, um Cabiria aufzuwecken: sie bleibt mitten in einer Drehung stehen, verloren, betäubt.

Sie schaut sich um, ohne etwas zu begreifen, während die lärmenden Zurufe des Publikums sie von allen Seiten bedrängen und einschüchtern . . .

(Überblendung)

Nun ist der Saal leer und fast dunkel. Cabiria steht an der Tür, blickt verstohlen ins Freie und kann sich nicht entschließen, hinaus zu gehen . . .

Auf ihrem Gesicht zeigen sich Angst, Ärger und Aggressivität.

Zwischen den Stuhlreihen ist eine alte Frau dabei, den Saal auszukehren. Sie schaut mißmutig auf Cabiria. Diese scheint jetzt entschlossen, zu gehen; nach ein paar Schritten kehrt sie jedoch wieder zurück, indem sie ärgerlich einen Fluch vor sich hin brummt.

> *Cabiria:* Diese verdammten . . .

Die Putzfrau fährt sie hart an.

> *Alte:* Na? . . . Willst du jetzt gehen? . . . Wir schließen . . .

> *Cabiria* (knirscht wütend): Ich geh ja schon, ich gehe! . . .

Dann in einem Wutausbruch:

> Haben die etwa noch nicht genug gegrinst, diese . . .

Und wieder brummt sie eine Verwünschung vor sich hin, dann macht sie sich mit Todesverachtung, angespannt und kampfbereit, auf den Weg.

Cabiria: Wollen sehen . . . Wollen sehen, wer zuletzt lacht!
Und sie geht.

Straße vor dem Kinotheater. Außen. Nacht.

Bebend vor Angst und verhaltener Wut kommt Cabiria auf die
dunkle Straße heraus; sie schaut nicht nach hinten, nicht zur
Seite, wie ein Bersagliere geht sie entschlossenen Schrittes vorwärts, in Erwartung der ›Pernacchie‹.
Auf der gegenüberliegenden Seite der Straße, die sonst verlassen
scheint, zeichnet sich die dunkle Gestalt eines Mannes ab. Er
folgt ihr.
Cabiria hört die sich nähernden Schritte, ist etwas unentschlossen, geht aber weiter. Hinter sich vernimmt sie eine Stimme.
Buchhalter (off): Gestatten Sie, Fräulein? . . .
Blitzschnell und kampfbereit dreht Cabiria sich um. Vor sich
sieht sie den distinguierten Herrn mit den großen schwarzen
Augen, der sie aus dem Zuschauerraum schweigend beobachtet
hatte. Der Unbekannte nimmt den Hut ab zum korrekten, sogar
allzu betont korrekten Gruß.
Buchhalter: Gestatten Sie . . . D'Onofrio, Buchhalter . . .
Er streckt ihr die Hand entgegen; Cabiria, schon etwas beruhigt,
aber immer noch argwöhnisch und feindselig, nimmt sie nicht.
Schweigend mustert sie diesen Mann.
Er läßt sich nicht aus der Fassung bringen; er zieht die Hand
zurück und spricht weiter.
Buchhalter: Verzeihen Sie meine Kühnheit . . . Es ist sonst
nicht meine Art, Damen auf der Straße anzusprechen
. . . Ich war im Saal, mitten unter dem Publikum . . . Ich
fühlte den Wunsch, nein, mehr als nur einen Wunsch, das
Bedürfnis, mich Ihnen vorzustellen . . . mit Ihnen zu sprechen . . . Sehen Sie, hier bin ich gewesen . . . ich hab auf Sie
gewartet . . .
So als sei der Unbekannte verantwortlich für das Vorgefallene,
läßt Cabiria nun an ihm den Groll aus, der sie zu ersticken
droht.
Cabiria: Sie haben zugeschaut . . . Schöne Geschichte . . .
Schöne Darbietung! . . . So ein Ekel, wenn ich den wieder
treffe! . . .
Buchhalter: Um Gottes willen, mißverstehen Sie mich

nicht... Ich bin ganz Ihrer Meinung... Das ist es eben
... Sie haben meine ganze Sympathie... Und gerade um
Ihnen diese Sympathie zu bekunden... diese Ergriffenheit... Wir können uns zynisch und berechnend stellen so
viel wir wollen... Wir können auch glauben, es zu sein
... aber dann, wenn wir uns plötzlich einem Musterbild
der Reinheit... der Unschuld gegenüber sehen... dann
fällt die Maske des Zynismus... und das Beste in uns
erwacht... Dafür wollte ich Ihnen danken... Sie haben
mir Gutes getan...

Er möchte den Hut wieder auf den Kopf setzen.

Gestatten Sie... Die Feuchtigkeit der Nacht...

Dann zeigt er auf eine kleine, noch offene Bar, wenige Schritte
entfernt.

Darf ich Ihnen etwas anbieten, Fräulein?...

Cabiria hat sich wieder auf den Weg gemacht; der Mann hat sie
aus der Fassung gebracht, sie wirkt feindseliger denn je. Sie
schaut besorgt nach dem Ende der Straße, wo sich ein paar
dunkle Gestalten sehen lassen, und wie wenn sie das Anerbieten
gar nicht gehört hätte, antwortet sie brüsk...

Cabiria: Äh... eigentlich kenne ich Sie ja gar nicht...

Der Buchhalter läßt sich nicht entmutigen, eifrig fügt er
hinzu...

Buchhalter: Verzeihen Sie, wenn ich insistiere... Solche
Experimente mit Magnetismus schaden dem Organis-
mus... Sie können Dekompensation und andere Störungen
hervorrufen...

Cabiria bleibt betroffen stehen; sie streicht mit der Hand über
die Stirn.

Cabiria (zornig): Stimmt. Ich fühle mich auch ganz seltsam... Dacht ich's doch... Mir ist heiß und kalt... wie
wenn ich Fieber hätte... Verdammt!

Ganz väterlich, sie nur leicht am Arm fassend, führt der Unbekannte sie zur Bar.

Buchhalter: Ich empfehle Ihnen einen Fernet... Der wird
Ihnen gut tun... Kommen Sie... Bitte...

Cabiria zögert, aber dann entschließt sie sich, da sie die dunklen
Gestalten noch immer am Ende der Straße stehen sieht.

Cabiria (wütend): Die sind immer noch da, diese...

Und sie geht hinein, der Buchhalter folgt ihr.

Bar am Stadtrand. Innen. Nacht.

In Begleitung des Buchhalters tritt Cabiria in die winzige, leere Bar. Das Radio läuft mit voller Lautstärke, das Neonlicht ist erbarmungslos. Der Buchhalter hat wieder zu sprechen angefangen, vertraulich und mitfühlend.

> *Buchhalter:* Ich schwöre Ihnen, selten habe ich so gelitten wie heute abend . . .

Ohne von seinem Gedankengang abzukommen, bestellt er laut und deutlich:

> Zwei Fernet . . .

Und sogleich spricht er weiter.

> . . . als jener Scharlatan in Oskars Namen Liebesworte an Sie richtete und Sie ihm antworteten . . . diesem Oskar antworteten, bebend vor Zärtlichkeit . . . da tat es mir wirklich weh . . . ich fühlte, wie mich etwas schmerzte hier drin. Auflehnung, Rührung . . .

Er reicht ihr eines der beiden Gläschen. Cabiria schaut ihn unschlüssig und finster an. Doch mit beruhigendem, verständnisvollem Lächeln fährt der Buchhalter fort.

> *Buchhalter:* Nein, nein, Sie dürfen sich nicht solche Sorgen machen . . . Gewisse Dinge können von der Vulgarität der Leute nicht einmal berührt werden . . . Nichts kann sie beflecken . . . Selbst mitten in der hohnlachenden Menge, die nichts versteht . . . ist zum Glück immer einer, der verstehen . . . etwas aufnehmen kann . . .

Er hebt sein Glas:

> Cin cin!

Mechanisch hat Cabiria ihr Glas genommen; sie ist sich nicht mehr recht im klaren über den Menschen, der ihr da gegenüber sitzt.

> *Cabiria* (fragt brüsk): Was hab ich denn eigentlich gesagt? . . . Was hat mich der elende Kerl sagen lassen? . . .
>
> *Buchhalter:* Sie haben eine sehr zarte . . . eine entzückende Liebesszene gespielt . . . Ich bin noch ganz ergriffen davon . . . Ich kann es nicht ausdrücken . . . Ja, was mich so berührt hat, ist vielleicht die Tatsache, daß in Ihnen das Mädchen von achtzehn Jahren noch unversehrt geblieben ist . . . das Mädchen, das mit der Mutter zur Messe ging und so lange schwarze Haare hatte . . .

Aus Cabiria bricht plötzlich störrisch zornige Scham hervor.

Cabiria: Auch das hab ich gesagt! . . . Verdammt! . . .

Sie trinkt das Gläschen in einem Zug leer und geht zur Tür;
der Buchhalter beeilt sich, ihr zu folgen.

Cabiria: Wenn ich dem wieder begegne, zermansche ich ihm
die Schnauze! . . . Ich zeig ihn an! . . .

Und sie geht hinaus, der Buchhalter folgt ihr.

Straße am Stadtrand. Außen. Nacht.

Cabiria kommt aus der Bar; der Buchhalter beginnt wieder zu
sprechen, leiser jetzt und bewegter.

Buchhalter: Dennoch . . . sehen Sie, Fräulein . . . was heute
abend geschehen ist, ist für mich von äußerster Wichtig-
keit . . . Denken Sie nur . . . Ich wohne nicht in dieser
Gegend . . . kam nur zufällig in dieses Quartier . . . im Vorbeigehen sozusagen . . . ich trat in diese Bude . . . nur
so . . . zufällig, reiner Zufall . . . alles war, ganz unbestreit-
bar . . . vom Schicksal vorbestimmt . . . Es geschah auf eine
schicksalhafte Art, die mich verwirrt . . . das muß ich
gestehn . . .

Cabiria, bereits auf dem Weg zur Haltestelle der Vorortsbahn,
bleibt stehen, fixiert ihren Begleiter, fragt brüsk und mit einem
höhnischen Unterton . . .

Cabiria: Wer sind Sie denn? . . . Mir scheint, Sie kommen
aus dem Parioli-Quartier[1] . . . so, wie Sie reden . . .

Der Buchhalter nimmt die Ironie nicht wahr; er antwortet
bereitwillig und mit distinguiertem Lächeln.

Buchhalter: Ich habe Ihnen gesagt . . . D'Onofrio, Buchhalter . . . Ich bin in halbstaatlicher Stellung . . .

Instinktiv davon beeindruckt, es mit einem ›Herrn‹ zu tun zu
haben, aber immer noch argwöhnisch und aggressiv, wirft Cabiria ein . . .

Cabiria: Und was wollen Sie von mir? . . .

Buchhalter: Vielleicht verstehen Sie mich besser, wenn ich
Ihnen meinen Namen sage . . .

1 Vornehmes Villenviertel

Er macht eine kurze Pause, dann sagt er leise:
Oskar!...
Wieder eine kurze Pause, und halb lächelnd fügt er hinzu:
Denken Sie, ich heiße Oskar!...
Cabiria (zunächst etwas betroffen): Sie heißen Oskar?...
Der Buchhalter lächelt, als ob er dem Umstand nicht allzuviel
Nachdruck verleihen möchte.
Buchhalter: So ist es...
Cabiria reagiert schroff.
Cabiria: Was hat das mit mir zu tun?...Wenn Sie Oskar
heißen... ist das eben ein Zufall...
Buchhalter: Ja, gewiß... Aber es ist ein seltsamer
Zufall... Unter allen Namen mußte dieser Betrüger ausge-
rechnet Oskar wählen... Meinen Namen. Ich kann Ihnen
nicht verhehlen, daß mich das ziemlich getroffen hat...
Und da Cabiria an der Tramhaltestelle stehen geblieben ist,
redet er wieder eindringlicher auf sie ein.
Buchhalter: Ich muß Sie wiedersehen, Fräulein... Warten
Sie auf's Tram?...
Cabirias Ton ist viel freundlicher geworden.
Cabiria: Was denn sonst?... Ich möchte zu Bett gehen, bin
todmüde...
Buchhalter: Ich muß Sie unbedingt wiedersehen... Un-
möglich, daß wir uns jetzt hier verabschieden... und ein-
ander nie mehr treffen... Die Stadt ist grenzenlos... Wir
haben einander noch so viel zu sagen... Wann... und wo
könnte ich Sie treffen?...
Cabiria ist unschlüssig.
Cabiria: Ich weiß nicht... Ich habe zu tun... ich
arbeite...
Und rasch fügt sie hinzu:
Ich bin Verkäuferin... Und, was gibt's noch zu sagen?...
In der Ferne sieht man die Lichter der Straßenbahn, die lär-
mend näherkommt.
Buchhalter (noch drängender): Sagen Sie nicht nein... Auch
ich arbeite... Aber nachher... gegen Abend... Morgen
abend zum Beispiel...
Cabiria (verdattert, unsicher): Morgen abend?...
Der Tramwagen kommt an und bleibt langsam stehen; der
Buchhalter insistiert.

Buchhalter: Morgen abend ... um sieben ... vor der Rinascente[1] ... Einverstanden? ...

Cabiria eilt auf die Wagentüre zu, der Buchhalter folgt ihr.

Cabiria: Gut, einverstanden ... Aber ich verstehe nicht ...
vielleicht, weil ich ganz durcheinander bin ... mein Kopf
will nicht mehr ...

Sie schickt sich an, aufs Trittbrett zu klettern; der Buchhalter
nimmt den Hut ab, ergreift und drückt ihre Hand, dann beugt
er sich darüber, um sie mit verhaltener Rührung zu küssen.
Cabiria, schon halb auf dem Trittbrett, hält mitten in der Bewegung erstaunt inne, zieht die Hand rasch zurück und schaut den
Unbekannten betroffen an.

Cabiria: Nein, nein! ... Was tun Sie da? ...

Und sie steigt rasch in den Wagen, der sich wieder in Bewegung
setzt. Aber immer noch schaut sie ganz betroffen zu dem Buchhalter hin, wie er dasteht, den Hut in der Hand, laut rufend.

Buchhalter: Um sieben ... Vor der Rinascente! ...

Straße in Rom. Largo Ghigi. Außen. Tag.

Vor der Rinascente steht Buchhalter D'Onofrio und wartet. In
der Hand hat er einen Blumenstrauß.
In einiger Entfernung, halb versteckt hinter einer Hausecke,
steht Cabiria in der Menge und beobachtet ihn. Versonnen und
unschlüssig schaut sie zu ihm hin.
Langsam macht der Buchhalter ein paar Schritte, schaut auf die
Uhr, sucht mit den Blicken herum und steht wieder still.
Cabiria regt sich nicht. Sie schaut finster drein und weiß nicht,
soll sie sich zeigen oder nicht. Ein wenig zögert sie noch, dann
dreht sie sich plötzlich um und geht in der entgegengesetzten
Richtung davon.
Der Buchhalter steht noch am selben Ort; er schaut sich um. Da
bemerkt er die sich entfernende Cabiria. Sofort folgt er ihr
beschleunigten Schrittes, indem er sich gewandt durch die Menge
schlängelt. Einen Moment lang verliert er sie aus den Augen,
steht still, sieht sie von neuem und beginnt fast zu rennen.
Wie er schon beinahe hinter ihr ist, dreht sich Cabiria um. Sie

1 Großes Warenhaus.

sieht ihn wenige Schritt von sich entfernt und bleibt stehen. Ein wenig atemlos kommt der Buchhalter auf sie zu und lächelt.

Buchhalter: Fräulein ... Da bin ich ...

Er nimmt den Hut ab und reicht ihr die Hand.

Verzeihen Sie, wenn ich Sie warten ließ ... Vielleicht stand ich am falschen Ort ...

Er hält ihre Hand fest und sieht ihr in die Augen.

Ich danke Ihnen, daß Sie gekommen sind.

Er setzt den Hut wieder auf, faßt sie mit einer Hand leicht am Arm und schickt sich an, mit ihr weiterzugehen.

Ich sagte mir: wer weiß ... vielleicht kam ich ihr aufdringlich vor ... oder ein wenig verrückt ... Es war alles so seltsam ... wie ein Traum ...

Mitten im Satz erinnert er sich an die Blumen und reicht sie Cabiria.

Ich habe mir erlaubt ... Wenn Sie sie annehmen wollen ...

Cabiria ist wirklich überrascht; sie nimmt die Blumen und antwortet fast tonlos.

Cabiria: Danke ... Warum haben Sie sich die Mühe gemacht ...

Er lächelt ihr zu, und sie entfernt sich mit ihm.

Passeggiata Archeologica. Außen. Nacht.

An ihrem gewohnten Platz unter den Bäumen, im Dunkel, das immer wieder von den Scheinwerfern der vorbeifahrenden Wagen erhellt wird, unterhalten sich Cabiria und Wanda.

Cabiria spricht in ungezwungenem Ton, aber im Innersten ist sie doch betroffen.

Cabiria: ... er sagt, er spreche gern mit mir ... Und wenn er redet ... redet er so schön ... Wir gingen ins Kino ... ins Metropolitan ... Da war ein Film aus frühern Zeiten ... von den alten Römern ... schön ... Mir hat's gefallen ... Aber er sagt, die wirkliche Geschichte sei gar nicht so gewesen ... Er hat mir alles erklärt ... Er sagt, ich sei intelligent. Er ist gebildet, erklärt dir alles ... Ein schöner Mann ... dunkel ... große Augen ... Dann im Café: Eis, Törtchen ... Alles hat er bezahlt, das Kino, das Eis ... die Blumen ...

Sie lacht ein wenig verkrampft.

Wanda (mit vielsagender Geste): Und sonst ... nichts? ...

Cabiria: Ach was! ...

Sie zuckt die Achseln, ein wenig unbeholfen.

Cabiria: Bah! ... Er hat mir gesagt, morgen erwarte er mich wieder ...

Wanda: Und was will er? ...

Cabiria zuckt wieder die Achseln; sie beginnt vor sich hin zu trällern, herumzutänzeln, mit der Blume, die sie aus dem Knopfloch genommen hat, die Bewegung begleitend. Dann hält sie inne und sagt halb bitter, halb komisch ...

Cabiria: Übrigens, was schert mich das? ... Solange er zahlt ...

Wieder lacht sie mißtönend und ein wenig verkrampft. Sie wirft die Blume in die Luft, und pfeifend beginnt sie wieder zu tanzen.

Aber auf einmal hört man vom Ende der Allee her verworrene Alarmrufe, dazu das Getrampel atemlos fliehender Leute.

Stimmen (off): ›Madame‹ kommt! ... Adele! ... Hau ab! ... Die Polente! ...

Auch Cabiria und Wanda fangen sogleich an zu laufen, ohne weitere Erklärungen abzuwarten.

Cabiria (mit unterdrückter Stimme zu Wanda): Lauf, lauf! ...

Die beiden Mädchen fliehen im Dunkeln den antiken Mauern zu; andere Frauen kreuzen ihren Weg, überholen sie; es ist ein lautloses, atemloses Rennen wie von gehetzten Tieren.

Cabiria hat jetzt Wanda aus den Augen verloren; sie springt über einen Graben, stolpert; vor ihr steigt ein Mädchen über ein verfallenes Mäuerchen: man hört ihr Keuchen und ihre rauhe Stimme, die einen Fluch ausstößt; dann verschwindet das Mädchen. Keuchend läuft Cabiria zu den Ruinen; von dort hört man unterdrückte Frauenstimmen, kurze, leise Rufe.

Einen Moment lang taucht eine dicke Frau auf und verschwindet wieder. Cabiria drückt sich in eine Öffnung zwischen den Steinen; da bleibt sie verborgen, die Augen im Dunkeln weit geöffnet, schmutzig, schwer atmend ...

Straße im Zentrum Roms. Piazza di Spagna. Tag.

Der Buchhalter steht wartend an einer Straßenecke. In der Hand hat er eine Tüte mit Süßigkeiten.
Cabiria sieht ihn durchs Fenster des ankommenden Autobusses.

Autobus. Innen. Tag.

Cabiria macht sich zum Aussteigen bereit, den Blick auf die Gestalt des Buchhalters gerichtet, der auf dem Trottoir steht. Auch er hat sie gesehen.
Der Autobus hält an.

Straße im Zentrum Roms. Piazza di Spagna. Tag.

Cabiria steigt aus dem Autobus und geht auf den Buchhalter zu. Kaum sieht er sie kommen, nimmt er den Hut ab und geht ihr lächelnd entgegen.

Terrasse Gianicolo. Außen. Tag (Sonnenuntergang).

Cabiria und der Buchhalter lehnen nebeneinander an der Brüstung.
 Buchhalter (halblaut und vage): Der Aventin . . . dort hinten der Palatin . . . der Quirinal . . .
 Cabiria (verlegen lächelnd, aber angriffig): Und Sie . . . wo wohnen Sie denn? . . .
Im Lächeln des Buchhalters ist ein Anflug von Traurigkeit.
 Buchhalter: Möblierte Zimmer . . . Pensionen . . .
Und sofort kehrt er zum vorherigen Thema zurück.
 Herrlich dieser Rundblick! . . . Das Herz wird einem weit. Wie in instinktiver Abwehr fängt Cabiria spottend an zu trällern.
 Cabiria: »Quanto sei bella, Roma[1] . . .«
Sie lacht ein wenig plump und unnatürlich.

---

1 Wie schön du bist, Rom.

Cabiria: Ihre Familie stammt nicht aus Rom? . . .

Buchhalter (ruhig): Ich bin allein aufgewachsen . . . Mein Vater und meine Mutter starben, als ich noch ein Kind war . . .

Er macht eine kleine Pause und fügt dann noch hinzu:

Die Einsamkeit drückt schwer; aber ich will lieber allein bleiben als mich mit . . . Kompromissen abfinden . . . Entweder alles oder nichts . . .

Cabiria ist betroffen, sie stimmt ihm sofort zu.

Cabiria: Oh, ja . . .

Sie dreht sich um und schaut ihn an; er spricht weiter.

Buchhalter: Wir wohnten in den Abruzzen, in einem kleinen Dorf, der Name ist unwichtig, Sie kennen ihn doch nicht . . . Ich wuchs in einem alten Hause auf . . . mit Öllampen . . . Mein Vater hatte einen kleinen Grundbesitz . . . Er hieß Giovanni . . . meine Mutter hieß Elsa.

Während der Buchhalter spricht, hört Cabiria zu und betrachtet dabei zum ersten Mal seine Gesichtszüge aus der Nähe: die Stirn, die Augen, das Profil, den Mund . . .

Cabiria: Elsa . . . der Name gefällt mir . . .

Buchhalter: Ich hatte weder Brüder noch Schwestern . . . Als mein Vater starb . . .

Der Buchhalter spricht weiter; Cabiria sieht ihn fest an und hört ihm zu . . .

Cabirias Zimmer. Innen. Tag (Morgendämmerung).

Cabiria liegt mit offenen Augen im Bett. Im Halbdunkel starrt sie ins Leere. In der Ferne hört man Lastwagen und das Läuten einer Glocke. Cabiria ist in Gedanken versunken; vielleicht hat sie nicht geschlafen oder ist schon lange aufgewacht.

Auf der Stuhllehne hockt ein Huhn; auch das Huhn spürt den Morgen. Es gluckert leise und fängt an, sich zu bewegen.

Cabiria steht auf. Sie geht zum Fenster, öffnet es und schaut hinaus. Sie streicht sich mit den Händen über das Gesicht.

Der Lärm der Lastwagen auf der fernen Straße und das Glockengeläute sind deutlich zu hören.

Cabiria macht sich zurecht, nimmt einen Morgenrock, zieht ihn an und geht hinaus . . .

Fußweg in Cabirias Dorf. Außen. Tag (Morgendämmerung).

Cabiria bleibt einen Augenblick vor dem Haus stehen und beginnt dann, langsam durchs freie Feld zu gehen, ohne ein bestimmtes Ziel. Sie ist ganz in Gedanken versunken.

Sie bückt sich, reißt einen Grashalm ab und steckt ihn zwischen die Zähne. Dann spuckt sie ihn aus.

Sie bleibt stehen und betrachtet ein von Tautropfen funkelndes Spinngewebe. Plötzlich hört sie hinter sich Schritte und eine Stimme, sie dreht sich um.

    Mönch (off): Was machst du denn da, meine Tochter? . . .

Ein Bettelmönch mit heiterem Gesicht, die nackten Füße in breiten, schlappenden Sandalen, ist nicht weit von ihr entfernt stehen geblieben. Cabiria lächelt ihm zu.

    Cabiria: Guten Tag, Pater . . .

Der Mönch hält ihr die Sammelbüchse hin.

    Mönch: Eine kleine Spende für den Heiligen Antonius? . . .

Cabiria lacht und zeigt auf ihren Morgenrock.

    Cabiria: Wie könnte ich denn? . . . So wie ich bin . . .

Auch der Mönch lacht, ganz ungeniert.

    Mönch: Tut nichts, tut nichts . . . Wichtig ist nur, daß man in Gottes Gnade ist . . . Bist du in Gottes Gnade, meine Tochter? . . .

    Cabiria (treuherzig): Nein . . .

Mit unveränderter Heiterkeit, lächelnd und ein wenig komisch, redet der Mönch weiter.

    Mönch: Und weshalb nicht? . . . Man muß in Gottes Gnade sein . . . Wer in Gottes Gnade lebt, ist zufrieden . . . Ich bin in Gottes Gnade und lebe zufrieden . . . Bist du verheiratet, Töchterlein?

    Cabiria: Nein . . .

    Mönch: Die Mädchen sollen heiraten . . . und Kinder zur Welt bringen. Die Ehe ist etwas Heiliges . . . In Gottes Gnade, Töchterchen . . . In Gottes Gnade . . .

Er reicht ihr ein Bildchen des Heiligen Antonius.

    Du mußt dich dem Heiligen Antonius anvertrauen! . . . Und wenn du das Bedürfnis hast, dich mit Gott auszusöhnen: ich heiße Pater Giovanni, ich bin im Kloster San Gregorio . . .

Er winkt zum Gruß und entfernt sich mit schlappenden Schrit-

ten, indem er leise und fröhlich eine Litanei vor sich hin singt.
Cabiria bleibt auf dem Feldweg stehen, das Bildchen noch in der
Hand.

Passeggiata Archeologica. Außen. Nacht.

Cabiria steht allein auf ihrem gewohnten Platz zwischen den
Straßenlaternen und dem Baum.
Weiter entfernt erkennt man die Gestalten anderer Mädchen.
Cabiria ist tief in Gedanken versunken. Von der andern Stra-
ßenseite hört man Gelächter von Frauen und den schmachtenden
Gesang eines Mädchens. Cabiria hört nichts.
Vor ihr hält ein Auto an.
Cabiria starrt hin, ohne sich von der Stelle zu bewegen, so als
hätte sie nicht kapiert.
Am Wagenfenster zeigt sich ein Männergesicht.
    Mann: He! . . .
Cabiria schaut ihn an und regt sich nicht; und schon kommen
unter den Bäumen hervor zwei, drei Mädchen und eilen auf den
stehenden Wagen zu.
    Mann: Gute Nacht! . . .
Der Mann hat die Geduld verloren, fährt davon und hält einige
Meter weiter vorn wieder an.
In diesem Augenblick rüttelt sich Cabiria auf und stürzt auf den
Wagen zu, aber schon haben ihn die andern Mädchen umringt,
und eines von ihnen steigt ein.
    Cabiria: Signore! . . .
Der Wagen fährt wieder los. Cabiria bleibt stehen, zuckt die
Achseln, kehrt zu ihrem Baum zurück . . .

Straße in Rom. Außen. Tag.

Cabiria und der Buchhalter spazieren langsam im Gedränge auf
einem Trottoir. Sie sind im Begriff, sich zu verabschieden. Cabiria scheint unruhig und nervös.
    Cabiria (schroff und doch unsicher): Morgen? . . . Nein,
    morgen nicht . . . Ich habe zu tun . . .
Der Buchhalter scheint sehr enttäuscht zu sein; er faßt ihre Hand.

Buchhalter: Übermorgen . . . zur selben Zeit . . .

Cabiria zögert einen Moment, dann antwortet sie noch schroffer.

Cabiria: Auch übermorgen . . . habe ich zu tun . . .

Mit gerunzelter Stirn schaut der Buchhalter sie schweigend an. Cabiria sieht nicht zu ihm hin; entschlossener spricht sie jetzt weiter, aber ohne zu merken, daß er immer noch ihre Hand hält.

Cabiria: Überhaupt . . . was ich sagen wollte, ich weiß nicht, ob ich je wieder komme . . . Wozu denn? . . . Nicht etwa, daß ich nicht gern mit Ihnen zusammen bin, im Gegenteil . . . Aber was soll das? . . . Was wollen Sie von mir? . . . Wozu denn? . . .

Es folgt eine Pause. Ohne ihre Hand loszulassen, blickt der Buchhalter sie fest an und sagt in bewegtem Ton . . .

Buchhalter: Wenn du willst . . . heirate ich dich . . .

Cabiria verschlägt es den Atem, sie starrt ihn an, sie ist totenbleich; dann zieht sie heftig ihre Hand zurück. Sie hat keine Worte. Sehr sachte entfernt sie sich ein paar Schritte von ihm. Der Buchhalter schweigt eine Weile und nähert sich ihr dann wieder.

Buchhalter: Ich wollte es dir . . . schon früher sagen . . . Ich hatte den Mut nicht . . . Vom ersten Augenblick an, als ich dich sah . . .

Cabiria unterbricht ihn. Ihre Stimme ist heiser, aggressiv und heftig.

Cabiria: Was sagen Sie da? . . . Mich, mich heiraten! . . . Was sagen Sie da? . . . Sie heiraten eine, die Sie zehnmal gesehen haben . . . von der Sie gar nichts wissen? . . . Tut man denn so etwas? . . . Ich bitte Sie! . . . Danken Sie dem Himmel dafür, daß ich anständiger bin als viele andere . . .

Ganz verstört und verloren beugt sich Cabiria in ihrer Erregung über den Wasserstrahl eines Brunnens, trinkt einen Schluck, dreht sich mit nassem Gesicht noch einmal nach ihm um und sagt mit erstickter Stimme . . .

Cabiria: Was wissen Sie schon von mir? Bitte! . . .

Und wieder beugt sie sich mit geöffnetem Mund über den Wasserstrahl.

Buchhalter (hinter ihr, langsam): Ich habe dich nichts gefragt und will nichts wissen . . . Vorurteile berühren mich

nicht ... Ich habe dich verstanden ... Ich habe dich beobachtet ... Wir sind zwei einsame Geschöpfe ...

Cabiria, immer noch über den Brunnen gebeugt, wendet ihm
langsam den Blick und ihr vom Wasser triefendes Gesicht zu: sie
starrt ihn mit weit aufgerissenen Augen schweigend an.

> *Buchhalter* (noch leiser, noch ergriffener): Wenn du willst
> ... heiraten wir ...

Weg in Cabirias Dorf. Außen. Tag.

Aus der Stadt zurückgekehrt, legt Cabiria fast rennend den Weg
zu Wandas Haus zurück.
Sie ist sichtlich in einem Zustand höchster Erregung.
Sie erreicht die Baracke ihrer Freundin, und ohne zu verweilen,
eilt sie sofort die Stufen hinauf, stößt die angelehnte Tür auf
und tritt ungestüm ein.

Wandas Haus. Innen. Tag.

Wanda im Négligé ist dabei, das Nachtessen zuzubereiten. In
einem Pfännchen auf dem Gasherd brodelt etwas.
Bei Cabirias stürmischem Auftritt dreht Wanda sich um und
schaut sie ein wenig überrascht, aber immer noch ruhig an.
An die Launen ihrer Freundin gewöhnt, sagt sie gelassen zum
Gruß ...

> *Wanda:* Ah, die Verrückte ...

Cabiria ist außer Atem, mehr von der Erregung als vom Laufen.
Sie setzt sich und mit einemmal beginnt sie zu lachen; ein
hysterisches Lachen voller Jubel und Tränen.
Den Kopf schüttelnd und ohne sich auch nur umzuwenden, sagt
Wanda wieder wie zu sich selbst ...

> *Wanda:* Die Verrückte ...

Cabiria hört auf zu lachen.

> *Cabiria* (halblaut, fast flüsternd): Weißt du was: ich hei-
> rate ...

Und sie beginnt wieder zu lachen. Wanda dreht sich um und
schaut sie an.

> *Wanda:* Was hast du denn? ...

Ohne vom Stuhl aufzustehen, antwortet Cabiria leise und in einem Atemzug.

Cabiria: Wir heiraten ... Er will mich heiraten ... Wir kaufen ein Geschäft ... in Grottaferrata ... Er hat den Vertrag schon beinah abgeschlossen ... er hatte alles vorbereitet ... Das Geschäft, die Wohnung ... Ich verkaufe hier ... verkaufe das Haus ... verkaufe alles ... In vierzehn Tagen heiraten wir ...

Wanda schaut sie bestürzt an.

Cabiria (nach einer Weile): Ich geh weg ...

Wanda (mit zugeschnürter Kehle): Weiß er denn, daß du ...

Cabiria fällt ihr ins Wort; ihre Stimme bebt vor Bewegung.

Cabiria: Er ist ein Engel ... ein Heiliger ... Er sagt, es macht ihm nichts aus ... er will nichts wissen ...

Sie zögert einen Augenblick, und ganz plötzlich, als ob sie sich schäme, fügt sie rasch hinzu:

Cabiria: Er liebt mich ...

Dann springt sie auf in einem Ausbruch überströmender Freude. Sie macht eine verächtliche Geste gegen Wanda, schreit beinahe, und ihre Stimme ist heiser vor Glück.

Cabiria: Da hast du's! ...

Und sie läuft hinaus, die Tür hinter sich zuschlagend.

Wanda bleibt wie angewurzelt stehen.

Kloster San Gregorio auf dem Celio. Außen. Tag (Sonnenuntergang).

Cabiria steht auf der Türschwelle; sie hat geklingelt; ein Mönch öffnet die Tür ein wenig und schaut heraus.

Cabiria: Guten Abend ... Ich möchte Pater Giovanni sprechen ...

Mönch: Er ist noch nicht heimgekommen ... Was willst du von Bruder Giovanni? ...

Cabiria: Ich möchte ... ich möchte beichten ...

Mönch: So geh in die Kirche ... dort sind zwei Brüder in den Beichtstühlen ...

Cabiria zögert einen Augenblick, aber sie bleibt beharrlich.

Cabiria: Nein . . . Ich möchte bei Pater Giovanni beichten . . .

Der Mönch zuckt die Schultern.

Mönch: Dann warte eben auf ihn . . . jede Beichte ist gleich gut . . . für wen hältst du dich? . . .

Cabiria: Schon . . . aber ich warte auf Bruder Giovanni . . .

Der Mönch schließt die Tür. Cabiria bleibt auf dem kleinen Platz, der vor der Kirche und dem Kloster liegt.

Sie geht langsam auf die Brüstung der kleinen Mauer zu, die sich über der Via dei Trionfi erhebt; sie setzt sich hin.

Nach und nach erlischt das letzte Licht der Dämmerung; die großen Ruinen der Via dei Trionfi verschwinden im Dunkeln.

Am Fuße des Mäuerchens, auf dem Cabiria sitzt, fährt ratternd und bereits mit eingeschalteter Beleuchtung, die ›Circolare‹[1] vorbei.

Auch die Automobile auf der großen Allee fahren schon mit Licht.

Cabiria schaut hinab.

In der zunehmenden Dunkelheit kann sie unter sich, bei den Bäumen der Via dei Trionfi, undeutlich die ersten ›Mädchen‹ erkennen, die an ihren Stammplätzen erscheinen.

Sie sieht sie stehen, hin und her gehen, einander grüßen . . . Schon bremst da und dort ein Wagen am Trottoirrand . . . Still schaut Cabiria hinab.

Hinter sich hört sie Bruder Giovannis fröhliche Stimme.

Bruder Giovanni: Was machst du denn da, Töchterchen? . . . Was machst du denn da? . . .

Cabiria: Ich komme zur Beichte . . . Ich heirate . . .

Dann wiederholt sie schüchtern den Satz, den sie von ihm gehört hat.

Und so . . . möchte ich in die Gnade Gottes kommen . . .

Cabirias Haus. Innen. Tag.

Das Zimmer ist in einer Unordnung, wie sie bei Abreisen entsteht. Die Matratze liegt gerollt auf dem Bett; auf dem abgedeckten Metallgestell sind die zusammengefalteten Decken auf-

---

[1] Römische Straßenbahn, die in beiden Richtungen um den alten Stadtkern fährt.

gestapelt. Zwei kleine Fiberkoffer liegen offen auf dem Tisch und auf einem Stuhl. Wanda und Cabiria sind dabei, sie zuzumachen.

Cabiria ist in Reisekleidung. Sie ist sichtlich aufgeregt. Wanda scheint bedrückt und unsicher. Von Zeit zu Zeit sieht sie ihre Freundin wie verzaubert an, und in ihrem Blick ist eine unausgesprochene Frage, ein sehnlicher Wunsch.

Bevor sie den Koffer schließt, schaut Cabiria sich noch einmal um; sie läuft zum Nachttisch, nimmt einen Gegenstand, will damit zum Koffer zurückkehren, bleibt aber stehen, holt einen zweiten Gegenstand, kann sich nicht entschließen und stellt ihn wieder hin, wo sie ihn genommen hat.

Cabiria: Das, ja . . . bestimmt . . . auch das vielleicht? . . . Nein, das nicht . . . Genug . . .

Sie eilt zum Koffer zurück, steckt den Gegenstand hinein und schließt mit nervösen Bewegungen den Deckel.

Wanda hat einen kleinen Gaskocher genommen, zeigt ihn ihr . . .

Wanda: Und der da? . . .

Cabiria, die sich jetzt an den zweiten Koffer macht, antwortet ungeduldig.

Cabiria: Nein . . . Der ist verkauft . . .

Wanda kann sich nicht damit abfinden; ihre Blicke wandern über die vielen zurückbleibenden Dinge hin.

Wanda: Und all diese Sachen . . . diese Gottesgaben . . . und du bleibst auf dem nackten Hintern sitzen . . .

Cabiria: Verkauft, alles verkauft . . . hab's ja nicht weggeworfen, ich sag dir's doch, daß ich samt Inhalt verkauft habe . . . Ich habe das Geld . . . Was soll ich mit dem Zeug? . . . Der Transport hätte mehr gekostet . . . Er hat in seinem Dorf alles verkauft, ich habe hier verkauft . . . Alles neu, alles neu . . .

Wanda: Hab verstanden, ja . . . aber . . . ich würde meine Sachen mitnehmen . . . Wo hast du es denn hingetan, dein Geld? . . . Vergiß es ja nicht . . .

Cabiria beeilt sich, auch den zweiten Koffer zu schließen.

Cabiria: Bin doch nicht blöd! . . . Vorwärts, schnell . . . die andern sind schon draußen . . . sie wollen herein . . .

Wanda (nimmt einen Koffer und brummt): Diese Hungerleider . . .

Auch Cabiria ergreift einen Koffer, läuft zur Tür, öffnet sie . . .

Cabirias Haus. Außen. Tag.

Nicht weit von Cabirias Haus entfernt steht ein Karren, von dem zwei Männer alten Hausrat abladen. Wacklige Möbel stehen schon auf der Wiese; eine Frau mit einem Kind im Arm sitzt auf einem Stuhl; eine Anzahl ziemlich zerlumpter Kinder flitzen zwischen den Karrenrädern und den Beinen der Männer herum; sie warten darauf, sich ins neue Haus zu stürzen.

Cabirias Haus. Innen. Tag.

Mit einer raschen Bewegung, wie in unwillkürlicher Abwehr, schließt Cabiria die Tür wieder.
Einen Moment lang ist sie ganz still, von plötzlichem Unbehagen erfaßt.
    Wanda (murmelt halblaut): Mannaggia! . . .
Cabiria schnürt es die Kehle zu. Sie schaut noch einmal wie verloren um sich.
Dann geht sie, langsamer jetzt, und öffnet die Türe wieder.
    Cabiria (leise): Gehn wir, los! . . .

Cabirias Haus. Außen. Tag.

Kaum sind Cabiria und Wanda über die Schwelle getreten, schlüpfen die Kinder schon lärmend an ihren Beinen vorbei wie Mäuse ins Haus. Wanda schaut ihnen grimmig zu; auch in Cabiria steigt Empörung auf, die sie aber sofort unterdrückt. Als ob sie sich eben erst daran erinnerte, sagt sie . . .
    Cabiria: Ah, die Schlüssel . . .
Sie zieht an der Innenseite der Tür den Schlüssel aus dem Schloß und geht auf die Gruppe der Neuangekommenen zu.
    Cabiria: Hier . . . Ich gehe . . . Wenn noch irgend etwas ist,
    sagt es ihr . . . (sie zeigt auf Wanda) Sie schreibt mir . . .
Sie reicht den Schlüssel einem der beiden Männer.
    Der Schlüssel . . .
    Mann: In Ordnung . . . Und alles Gute! . . .
Auch die Frau und der andere Mann grüßen und wünschen Glück.

Zweiter Mann und Frau: Viel Glück! . . . Gute Reise! . . .
Viel Glück, Fräulein! . . .
Von der Tür des Nebenhauses her grüßt eine Frau.
Hausfrau: Viel Glück! . . . Schicken Sie uns Confetti[1]! . . .
Von Wanda begleitet, macht sich Cabiria auf den Weg zwischen
den Häusern durch; sie winkt mit der Hand; sie ist ganz
gerührt, wie in einem leichten Rauschzustand.
Cabiria: Danke! . . . Auf Wiedersehn! . . . Ich besuche euch
dann! . . .
Etwas weiter vorn sitzt ein alter Mann rittlings auf einem Stuhl
vor der Haustür; wie er Cabiria sieht, grüßt er.
Alter Mann: Wünsche Glück, Fräulein! . . .
Cabiria: Danke . . . Ich komme wieder, um euch zu besu-
chen! . . . Auf Wiedersehn! . . .
Sie winkt zu einem weiter entfernten Haus hinüber und ruft
laut:
Ciao, Luciana! . . .
Von weitem winkt ihr eine alte Frau aus dem Fenster ihrer
Baracke zu.
Alte (ruft): Ciao, Cabiria! . . . Viel Glück! . . .
Wie sie an einem der letzten kleinen Häuser vorbeikommen,
sehen die beiden Mädchen eine ganz ungewohnte Ansammlung
von festlich gekleideten Menschen. Cabiria bleibt stehen.
Cabiria: Was ist da los? . . .
Wanda: Ritas Kind . . . Sie haben es getauft . . .
Aufgeregt nähert sich Cabiria dem Zaun, der den kleinen Obst-
garten umschließt.
Cabiria: Laß mich sehn . . . laß mich sehn . . .
Und sie beugt sich über den Zaun.
Auf dem kleinen Platz sind fünfzehn oder zwanzig festlich
gekleidete Menschen versammelt. Auch ein Priester ist dabei.
Mitten in einem fröhlichen Stimmengewirr werden Erfrischun-
gen gereicht.
Eine dicke alte Frau, die Hebamme, hält das Kind im Arm, es
ist in weiße Spitzen gekleidet.
Cabiria (sieht das Kind, ruft laut): Wie süß . . . Du lieber
Himmel! . . . Wie süß! . . . Viel, viel Glück! . . .
Und sie schickt Kußhände.

---

1 Weiße Zuckermandeln, die man bei Hochzeiten verschenkt.

Die Mutter, eine junge blühende Frau, sieht Cabiria und grüßt sie.

>   *Junge Frau:* Sie gehen weg? . . . Ist es wahr, daß Sie heiraten? . . .
>
>   *Cabiria* (strahlend und laut): . . . Ich heirate . . . Wir eröffnen ein Geschäft in Grottaferrata . . . Er ist schon dort und erwartet mich! . . .

Alle, die es gehört haben, schließen sich den Glückwünschen der jungen Frau an.

>   *Stimmen:* Alles Gute! . . . Viel Glück! . . . Wir warten auf die Confetti! . . . Viel Glück! . . .

Cabiria winkt allen zu.

>   *Cabiria:* Danke! . . . Auf Wiedersehn! . . . Danke! . . .

Wanda beobachtet die Freundin still und ernst. Cabiria kommt zu ihr zurück, und zusammen gehen sie auf die große Straße zu.

Nationalstraße mit Vorortsbahn. Außen. Tag.

Wanda und Cabiria warten an der Tramhaltestelle. Sie sind beide sehr bewegt; sie tauschen die letzten Worte.

>   *Wanda:* Also . . . jetzt heiratest du . . . und ich habe deinen Bräutigam noch nie gesehen . . . Er hätte dich mindestens abholen können . . .
>
>   *Cabiria:* Oh, nein . . . Hier kennen mich doch alle . . .

Aus der Ferne kommt die Straßenbahn herangefahren; Cabiria nimmt die beiden Koffer auf.

>   *Cabiria* (die Kehle ist ihr wie zugeschnürt): Ich schicke dir dann sofort die Adresse . . .
>
>   *Wanda:* Aber sicher . . . Solange du mir nicht schreibst, weiß ich nicht einmal mehr, wo du zu finden bist . . .

Sie schaut Cabiria fest in die Augen, während die Trambahn anhält.

>   Freust du dich? . . .

Lächelnd und mit dicken Tränen auf den Wangen nickt Cabiria drei-, viermal. Die beiden Mädchen umarmen sich; auch Wanda weint. Dann macht sich Cabiria los und steigt mit Wandas Hilfe rasch in den Wagen.

>   *Wanda* (ruft weinend): Ciao, Cabiria! . . .

Cabiria lehnt sich aus dem Wagenfenster.

    Cabiria: Ciao! . . .

Die Straßenbahn setzt sich in Bewegung.

    Wanda (lauter): Ciao, Cabiria! . . .

    Cabiria (winkt, ruft lauter): Ciao! . . .

Die Straßenbahn entfernt sich; man sieht noch Cabirias winkende Hand.

    Wanda: Ciao, Cabiria! . . .

Immer schneller entfernt sich die Bahn.

Trattoria in Castelgandolfo. Außen. Tag (Sonnenuntergang).

An einem Tisch im Freien sitzen Cabiria und der Buchhalter. Um sie herum sind andere Tische besetzt.

Die Terrasse der Trattoria bietet einen weiten Rundblick über die Hügel; in der Ferne, schon halb im Dunkel und von vielen Lichtern übersät, läßt sich die Ebene vermuten. Lichtschlangen leuchten jetzt an den Hängen und auf den Gipfeln der Hügel auf: Straßen, Dörfchen, Gasthäuser. In der Ferne erlischt der letzte Widerschein der untergehenden Sonne. Auf der Terrasse schwanken Girlanden von Glühbirnen im Wind.

Ein Mann singt Lieder zur Gitarre.

Cabiria und der Buchhalter haben ihr Abendessen beendet.

Die Gemütsbewegungen des Tages, dieser Ort zu ungewohnter Stunde und der Wein haben Cabiria vollends betäubt: euphorische Trunkenheit hat sich ihrer bemächtigt, ungestüm und rührend zugleich.

Der Buchhalter füllt ihr ein letztes Mal das Glas, während der Kellner einen Teller mit der Rechnung auf den Tisch stellt. Sogleich legt Cabiria ihre Hand darauf.

    Cabiria: Nein, nein . . . Ich bezahle . . . Ich will zahlen . . .

Gebieterisch bemächtigt sich der Buchhalter der Rechnung. Der Ton seiner Stimme scheint sogar ungewohnt hart.

    Buchhalter: Warum? . . . Kein Grund . . .

Cabiria insistiert.

    Cabiria: Ich bitte dich . . . Ich will bezahlen . . . Du hast immer alles bezahlt . . . Es macht mir Vergnügen . . .

Mit unsichern Händen ergreift und öffnet sie die Handtasche, zieht ein dickes Bündel Banknoten heraus, und mit vor Aufregung glucksendem Lachen sagt sie:

Dein, mein . . . jetzt ist das gleich . . .

Der Buchhalter hat das Geld schon auf den Teller gelegt. Er ruft den Kellner.

Buchhalter: Kellner! . . .

Cabiria legt ihre Hand auf die seine mit einem leisen Ausruf, der zugleich Protest und Dankbarkeit ausdrückt.

Cabiria: Oh! . . .

Der Buchhalter drückt ihre Hand und lächelt ihr zu.

Buchhalter: Schau . . . Es ist dunkel . . . Der Sonnenuntergang wollte nicht enden, heute abend . . .

Cabiria scheint nichts gehört zu haben. Sie sitzt da mit der offenen Handtasche auf dem Schoß und dem Notenbündel in der Hand, im Gesicht einen seltsamen Ausdruck, ein Lächeln der Rührung.

Der Buchhalter sieht das Notenbündel, starrt schweigend darauf. Cabiria blickt ihn fest an und flüstert mit seltsamem Lächeln . . .

Cabiria: Das Geld . . .

Auf den sich nähernden Kellner weisend, flüstert der Buchhalter rasch und trocken . . .

Buchhalter: Versteck's . . .

Schnell verbirgt Cabiria die Hand unter dem Tisch; der Kellner nimmt den Teller mit der Rechnung und dem Geld und geht schnell weg.

Kellner: Danke, Signore . . .

Cabiria zieht langsam die Hand mit dem Geld wieder unter dem Tisch hervor.

Cabiria (zögernd und gerührt): Vielleicht . . . ist es besser, wenn du es nimmst . . .

Mit einem Lachen voller Tränen, Scham, aber auch Stolz fügt sie hinzu:

Meine Mitgift . . .

Sie versucht, wieder einen sachlichen Ton zu finden.

Dreihundertfünfzig vom Haus. Diese Hungerleider haben ja nicht mehr gegeben . . . sie wußten, daß ich's eilig hatte . . . Dann löste ich auch das Postscheckbüchlein ein . . . vierhundert . . .

Sie hat das Notenbündel auf den Tisch gelegt, und sie schiebt es zögernd, ruckweise zum Buchhalter hinüber.

Es ist besser, du nimmst sie . . .
Und wieder mit einem Lachen wie vorher:
Geld ist doch immerhin Geld, nicht? . . .
Es scheint, als sei in des Buchhalters Stimme ein Hauch von
Unruhe; er nimmt das Banknotenbündel und sagt betont bei-
läufig . . .
Buchhalter: Du wärst imstande, es zu verlieren . . .
Dann fügt er gleich hinzu:
Morgen bringen wir es zum Notar . . .
Aber Cabiria fährt beharrlich weiter, fast ängstlich, obwohl
immer noch ein wenig berauscht.
Cabiria: Nein . . . du hast ja nie davon sprechen wol-
len . . . (plötzlich ausbrechend) du bist ein Heiliger . . . ein
Engel . . . aber was ich durchgemacht habe, um es zusam-
menzubringen . . .
Der Buchhalter fällt ihr ins Wort.
Buchhalter: Ich hab dir gesagt . . . ich frage dich nichts . . .
das spielt keine Rolle . . .
Mit einer etwas nervösen Geste schaut er auf die Uhr und sagt:
Wir können gehen . . . Der Mond scheint . . .
Aber Cabiria ist jetzt nicht mehr zu bremsen. In abgerissenen
Sätzen spricht sie weiter, zwischen Lachen und Weinen; es ist ein
Überströmen von Gefühlen: Ängsten, Bitterkeit, Schrecken . . .
und schließlich der errungene Triumph.
Cabiria: Die Schläge, die ich bekommen habe! . . . Die, die
sich an die Mädchen heranmachen . . . um ihnen das Geld
abzunehmen . . . das kannst du dir nicht vorstellen . . . was
die machen . . . Aber ich, lieber hab ich mich totschlagen las-
sen! . . .
. . . Nein nein nein! Und der Regen . . . die Kälte . . . und
alles andere . . . für was? . . . Um einen auszuhalten, der
dann mit einer andern geht? . . . Aus Liebe, ja, alles! . . .
Aber so nicht! . . . Und wenn ich alt bin? . . . Widerliches
Pack! . . .
Wieder schaut der Buchhalter nervös auf die Uhr.
Buchhalter (etwas schroff): Gehn wir! . . .
Und er steht auf; auch Cabiria steht auf, aber ohne sich dessen
bewußt zu sein.
Cabiria (spricht weiter): Und dann, so wollte ich doch nicht
auf die Dauer weitermachen, ich . . . ich konnte kaum

... Das ganze Leben so? ... Oh, nein! ... Ich weiß selber
nicht, wie ich angefangen habe, ich war ja noch ein
Kind ... Mit fünfzehn ... ich hatte so langes schwarzes
Haar ... Wer hat schon etwas kapiert? ... Meine Mut-
ter? ... Sie war zufrieden, wenn ich ihr Geld gab ...
Jetzt erst bemerkt sie, daß sie sich dem Ausgang nähern.

    Cabiria: Warum denn? ... Wo gehn wir hin? ... Hier ist's
doch so schön ...
Wieder ist eine seltsame Nervosität in der Stimme des Buchhalters.

    Buchhalter: ... Wir machen ein paar Schritte ...
Dann wird er wieder zärtlich, er legt den Arm um Cabiria.

    Buchhalter: Bei diesem Mondschein muß der See prächtig
sein ...
Cabiria lehnt sich glücklich an ihn.

    Cabiria: Oh, ja ...
Dann erinnert sie sich.

    Meine Koffer ...

    Buchhalter: Wir kommen sie holen; in einer halben
Stunde ...
Leise, gefühlvoll beginnt er das Liedchen des Gitarrenspielers
vor sich hin zu singen:

    »'na voce 'na chitarra e un po' de luna.«[1]
Cabiria singt mit, in seinen Arm geschmiegt.

    Cabiria: »Che vuoi de più per far 'na serenata ...«[2]
Sie gehen zusammen auf die Straße hinaus.

Straße am Hügel. Außen. Nacht.

Eng aneinander geschmiegt gehen Cabiria und der Buchhalter
langsam auf der Straße einem dichten Wald entlang. Es ist nun
ganz dunkel geworden; aus der Ferne hört man bisweilen
Liederklänge. Ein Auto mit grellem Scheinwerferlicht fährt
vorbei. Dann sind Cabiria und der Buchhalter wieder allein.
Cabiria bleibt stehen und sagt leise ...

    Cabiria: Gibst du mir einen Kuß? ...
Der Buchhalter küßt sie, lange. Dann will er sich von ihr lösen,

---

1 Eine Stimme, eine Gitarre und ein wenig Mondschein.
2 Was braucht es mehr für eine Serenade.

aber Cabiria schmiegt sich immer noch an ihn, reibt ihren Kopf
an seiner Brust und flüstert:
. . . Danke, Liebster . . .
Der Buchhalter streichelt ihr Haar; dann zeigt er auf einen Weg,
der in den Wald hinein und zum See hinunter führt.
Buchhalter: Hier . . . eine Abkürzung . . .
Einen Augenblick lang zögert Cabiria.
Cabiria: Es ist aber dunkel . . . Man sieht nichts . . .
Buchhalter: Ich sehe gut . . . Gib mir die Hand . . .
Er nimmt ihre Hand, und sie begeben sich zusammen in den
Wald hinein.

Waldweg. Außen. Nacht.

Eng aneinander geschmiegt steigen Cabiria und der Buchhalter
langsam den schmalen Waldweg hinunter; sie singen miteinander. Cabiria bleibt stehen, hört auf zu singen und will geküßt
werden. Der Buchhalter küßt sie.
Cabiria beginnt wieder zu singen, ihre Stimme zittert vor Glück.
Auch der Buchhalter singt wieder. Sie machen sich erneut auf
den Weg.

(Überblendung)

Cabiria und der Buchhalter gehen immer noch abwärts. Jetzt
singt nur noch Cabiria. Dann hört sie auf und fragt leise:
Cabiria: Bist du traurig? . . .
Buchhalter (mit etwas seltsamer Stimme): Nein . . . War-
um? . . .
Cabiria: Du bist so still, du singst nicht mehr . . .
Der Buchhalter ist stehen geblieben und zündet sich eine Ziga-
rette an, dabei läßt er zwei, drei Streichhölzer aufflammen und
wirft sie wieder weg, als ob seine Hände ein wenig zitterten.
Buchhalter: Schau das Mondlicht zwischen den Bäumen . . .
Cabiria (schaut verzückt): Wie schön! . . . Schade, daß es
dunkel ist . . . Ich würde sonst unsere Namen an einen
Baum schreiben . . .
Er legt einen Arm um sie und flüstert . . .
Buchhalter: Gehn wir weiter . . .

Hügel über dem See. Außen. Nacht.

Im Mondschein glitzernd liegt der See am Fuße des Hügelvor-
sprungs, auf den Cabiria und der Buchhalter heraustreten.
Cabiria stößt einen Ruf des Entzückens aus.

    Cabiria: Wie schön! . . .

Beide bleiben stehen. Eine Weile verharren sie eng aneinander
geschmiegt und schauen. In der Ferne hört man Lieder und
Musik.

Dann spricht Cabiria mit erstickter Stimme, so ergriffen ist sie.

    Cabiria: Oh, ja . . . es gibt eine Gerechtigkeit auch auf die-
    ser Welt . . . Man leidet, muß vielerlei durchmachen . . . aber
    dann kommt für alle der Augenblick des Glücks . . .

Der Buchhalter hat sich etwas von ihr gelöst; Cabiria nimmt
seine Hand, hebt sie zu ihrem Gesicht empor und küßt sie.

    Cabiria (flüstert): Du bist mein Engel . . .

Sie schweigt einen Augenblick; immer noch seine Hand haltend,
fragt sie dann leise und zärtlich:

    Ist dir kalt? . . . Wie kalt deine Hand ist, du zitterst ja . . .

Wieder preßt sie seine Hand an ihr Gesicht und flüstert:

    . . . Liebster . . .

Dann geht sie von ihm weg und macht ein paar Schritte auf den
Rand des überhängenden Felsens zu; mit Schaudern blickt sie
hinunter.

    Cabiria: Wie tief das ist . . . Schau! . . . Mit einem Boot hin-
    ausfahren . . . das wäre schön . . .

Hinter ihr fragt der Buchhalter mit seltsamer Stimme . . .

    Buchhalter: Kannst du schwimmen? . . .

    Cabiria (ohne auf seinen Ton zu achten): Nein . . . Wenn
    man mich nicht gerettet hätte, wäre ich einmal fast . . . ich
    wurde hineingestoßen . . .

Sie dreht sich zu ihm um und verstummt.

Langes Schweigen. Im Dunkeln blickt Cabiria in die glänzenden, starren Augen des Mannes, der am ganzen Körper zu zit-
tern scheint.

Mit plötzlichem Entsetzen in der Stimme fragt sie leise:

    . . . Was hast du? . . .

Der Buchhalter scheint mitten in einer Bewegung erstarrt zu
sein, in einer Bewegung, die er unterbrochen hat, als Cabiria sich
umwandte.

Langsam schaut Cabiria in den Abgrund, an dessen Rand sie sich befindet . . . dann blickt sie rings um sich, wie wenn ihr erst jetzt die schwarze Einsamkeit dieses Ortes bewußt würde.

Der Buchhalter macht eine brüske Bewegung, den Anfang einer Bewegung, und im selben Moment springt Cabiria zur Seite, wie um den Abgrund nicht mehr hinter sich zu haben. Worte entringen sich ihr, wie in einem Alptraum, ihre Stimme ist rauh, unkenntlich.

Cabiria: Du willst mich töten . . .

Auch der Buchhalter scheint in einem Alptraum erstarrt zu sein. Er zittert; eine Grimasse, die ein Lächeln sein möchte, verzerrt sein Gesicht. Ein rauher Laut, nicht einmal ein Wort, entringt sich seiner Kehle.

Cabiria weicht zurück und sagt immer wieder:

Cabiria: Du willst mich töten . . . Ja, du willst mich töten . . . Ja . . . ja . . . ja . . . Du willst mich töten! . . .

Der Buchhalter geht einen Schritt auf sie zu.

Buchhalter (heiser, verstört): Nein, nein . . .

Mit einem Schlag verwandelt sich in Cabiria der Schrecken in Verzweiflung. Ein Schluchzen löst sich wie ein Schrei vom Grund ihrer Seele.

Cabiria: Töte mich! . . . Wirf mich hinunter! . . . Töte mich! . . . Töte mich! . . . Ich will nicht mehr leben . . . Genug . . . Genug, genug! . . . Töte mich! . . .

Und gleichzeitig mit ihr, verstört und heftig, schreit der Buchhalter:

Buchhalter: Schweig! . . . Schweig! . . . Was sagst du? . . . Schrei nicht so, du Verrückte! . . . Verrückte . . . Sei still! . . .

Aber Cabiria scheint toll geworden zu sein.

Sie hat sich ihm entgegengeworfen, schluchzend und immer wieder schreiend.

Cabiria: Wirf mich hinunter! . . . Wirf mich hinunter . . . Genug gelebt! . . . Wirf mich hinunter! . . . Töte mich! . . . Töte mich! . . .

Sie hat ihn an den Armen, an der Jacke gepackt; er macht sich gewaltsam frei, voller Schrecken.

Cabiria wirft sich röchelnd zu Boden, vor seine Füße.

. . . Ich will nicht mehr leben! . . . Ich will nicht mehr leben! . . . Wirf mich hinunter! . . .

Der Buchhalter versucht nicht einmal mehr, sie zum Schweigen zu bringen. Er flieht wie der Schatten eines Wolfes den Wald hinauf. Er verschwindet.

Cabiria wälzt sich am Boden, sie schluchzt, winselt, beißt in die Erde; ihre Worte werden immer undeutlicher, das Stöhnen krampfartiger und wirrer. Schließlich bleibt sie reglos liegen, wie tot.

Ringsum in der lieblichen Mondnacht hallt es noch immer von Liedern und Musik.

Die Hügel sind mit Lichtern übersät.

(Überblendung)

Cabiria liegt immer noch bewegungslos am Boden. Sie hat ihr Gesicht auf die Erde gepreßt, die Augen sind offen und starr; es scheint, als lausche sie der nächtlichen Stille und dem Widerhall der fernen Laute.

Sachte bewegt sie eine Hand. Dann dreht sie sich langsam auf den Rücken.

So bleibt sie lange; dann setzt sie sich auf.

Die Augen starren noch ins Leere. Langsam erhebt sie sich.

Sie macht sich nicht zurecht; sie schaut sich nicht um. Wie ein Automat sich bewegend, geht sie ein paar Schritte aufs Geratewohl, dann weiter, ziellos durch den Wald.

Wald am Hügel. Außen. Nacht.

Cabiria geht weiter, wie eine Schlafwandlerin. Das Mondlicht spielt zwischen den Bäumen, verzaubert sie.

Straße am Hügel. Außen. Nacht.

Cabiria kommt aus dem Wald heraus auf die Straße. Ziellos folgt sie den im Mondlicht weißlich schimmernden Randsteinen; sie geht mit hängenden Armen, ihre Augen starren ins Leere.

Ein Wagen mit eingeschalteten Scheinwerfern fährt vorbei. Stimmen und Musik nähern sich.

Vier oder fünf Burschen kommen eine Seitenstraße herab. Sie haben zwei Gitarren und singen. Sie folgen derselben Straße wie

Cabiria, die etwa zehn Meter vor ihnen her geht.

Sie setzt ihren Weg fort, als ob sie weder Stimmen, noch Schritte oder Klänge hörte.

Die jungen Leute holen sie ein. Sie sind sehr jung und verspielt. Sie tanzen um Cabiria herum, Lieder zur Gitarre singend, als improvisierten sie, ihr gewidmet, eine Serenade.

Leichtfüßig tanzen sie mitten auf der Straße, nähern sich ihr langsam, entfernen sich und kehren wieder an ihre Seite zurück. Jetzt erst scheint Cabiria zu erwachen; staunend schaut sie um sich.

Einer der Jünglinge geht neben ihr, lächelt ihr freundlich zu und streicht mit den Fingern über die Saiten. Dann wirbelt er tanzend bis in die Mitte der Straße.

Ein anderer Junge, freundlich wie der erste, erscheint auf der andern Seite von Cabiria; singend lächelt er ihr zu.

Auf Cabirias Gesicht erscheint eine Spur von einem Lächeln, während der Junge sich im Tanzschritt entfernt und ein dritter, Gitarre spielend, seinen Platz einnimmt und ihr zulächelt.

Cabiria lächelt auch ihm zu, schon offener jetzt. Ihre Schritte werden sicherer. Die heitere Zuneigung bei diesem Spiel im Mondschein umgibt sie wie ein Lebenshauch. Spielend und singend folgen ihr die jungen Leute, gehen ihr voraus, tanzen um sie herum.

Und auch Cabiria beginnt zu singen.

Auf der im Mondschein weißen Straße entfernt sie sich singend, inmitten dieser unwirklichen Serenade.

Der Film in 51 Bildern

Le notti di Cabiria
1957

Produktion:	Dino De Laurentiis
Regie:	Federico Fellini
Idee und Drehbuch:	Federico Fellini, Ennio Flaiano, Tullio Pinelli, in Zusammenarbeit mit Brunello Rondi
Bildregie:	Aldo Tonti
Script:	Narciso Vicario
Regieassistenten:	Moraldo Rossi
	Dominique Delouche
Maske:	Eligio Trani
Dekor:	Piero Gherardi
Produktionsleiter:	Luigi De Laurentiis
Musik:	Nino Rota
Schnitt:	Leo Catozzo
Berater für den Jargon der römischen Unterwelt:	Pier Paolo Pasolini

Darsteller:

Giulietta Masina	Cabiria
Amedeo Nazzari	Schauspieler
François Périer	D'Onofrio
Aldo Silvani	Hypnotiseur
Franca Marzi	Wanda
Dorian Gray	Jessy
Polidor	Bettelmönch
Mario Passante	
Ennio Girolami	
Christian Tassou	

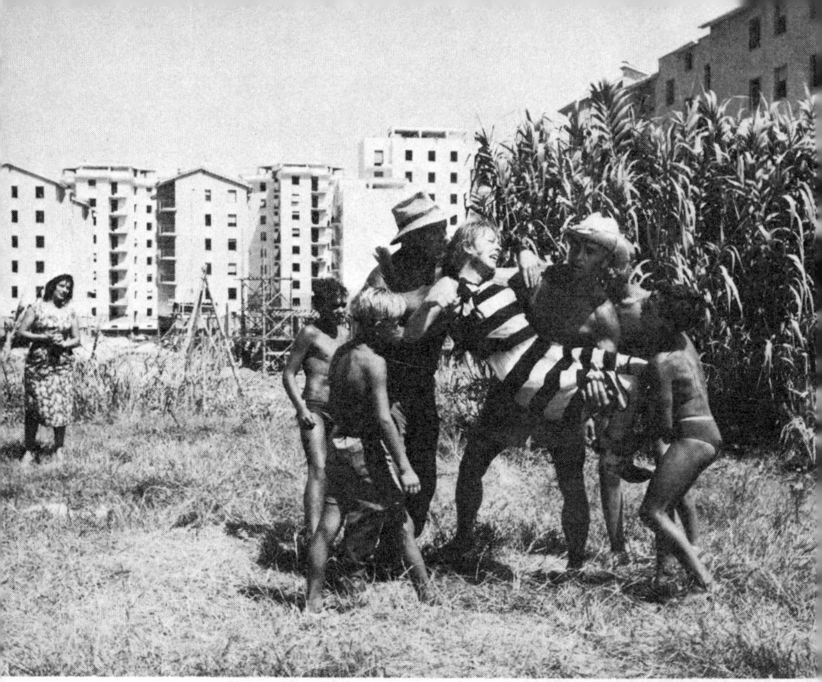

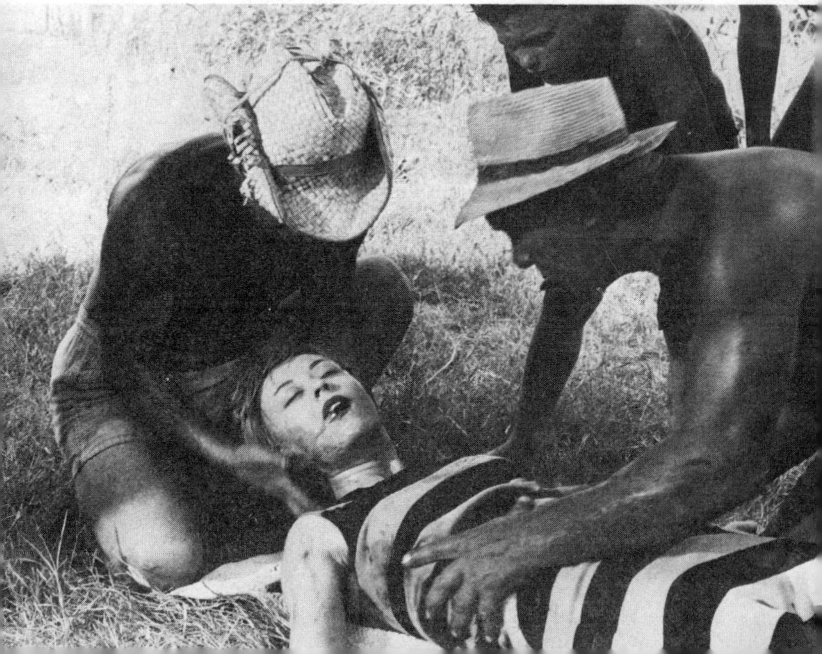

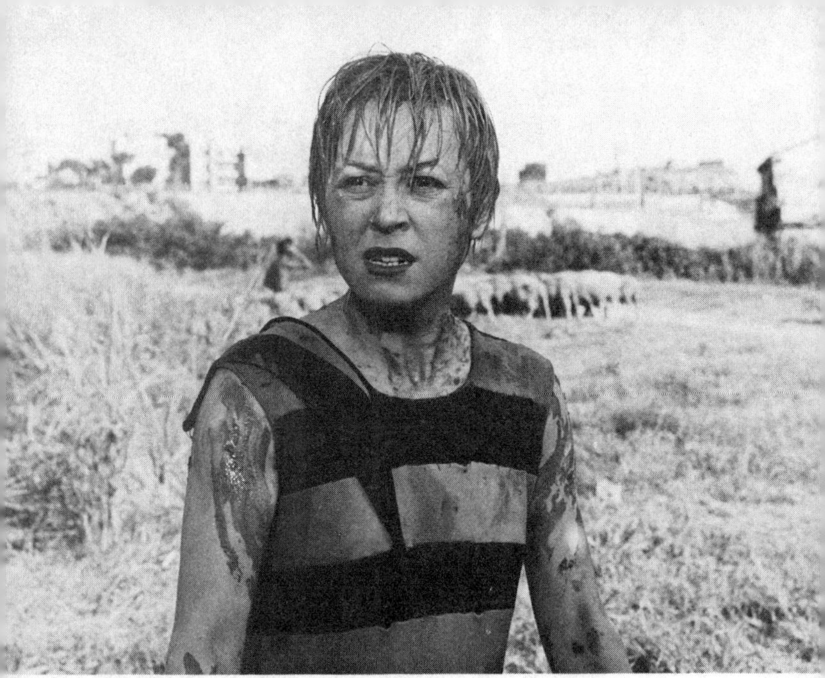

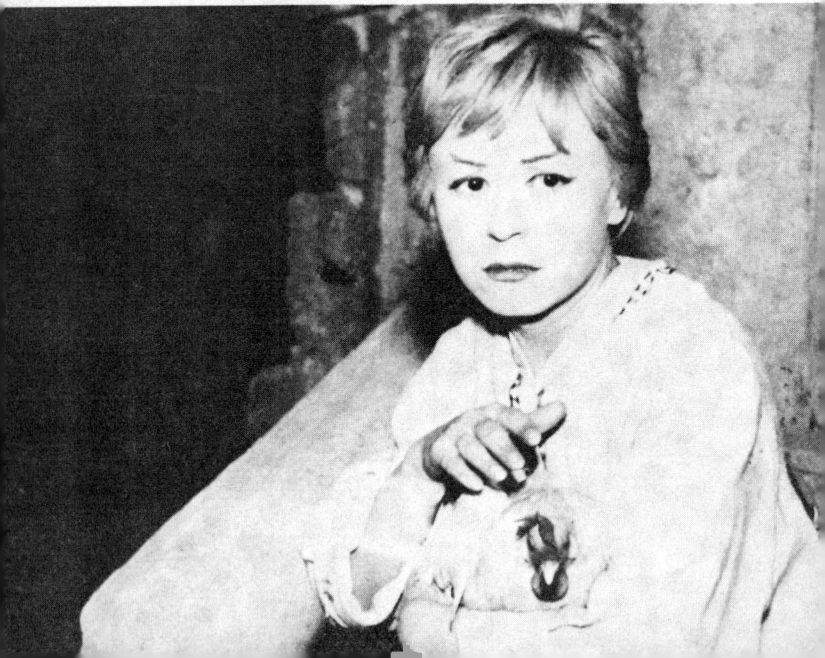

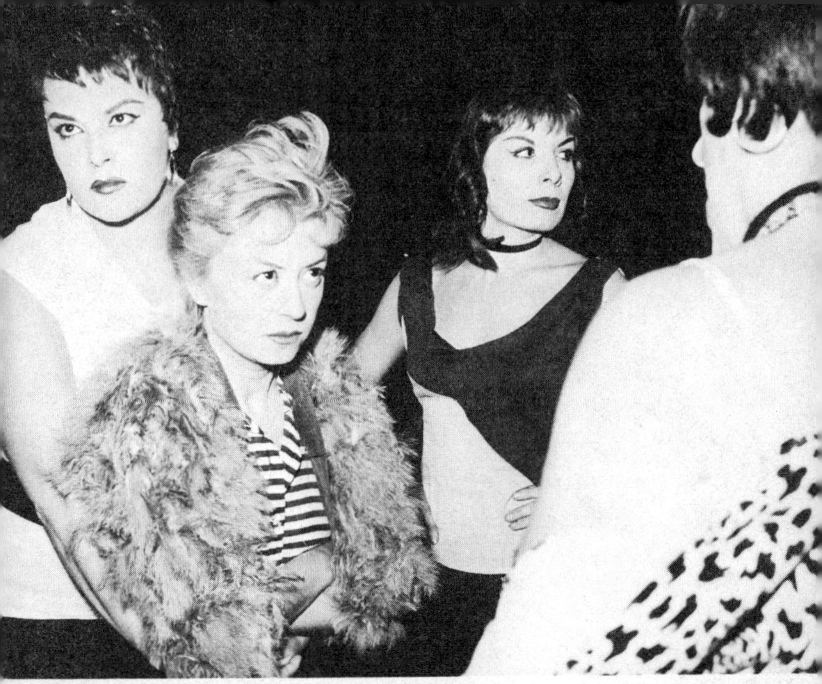

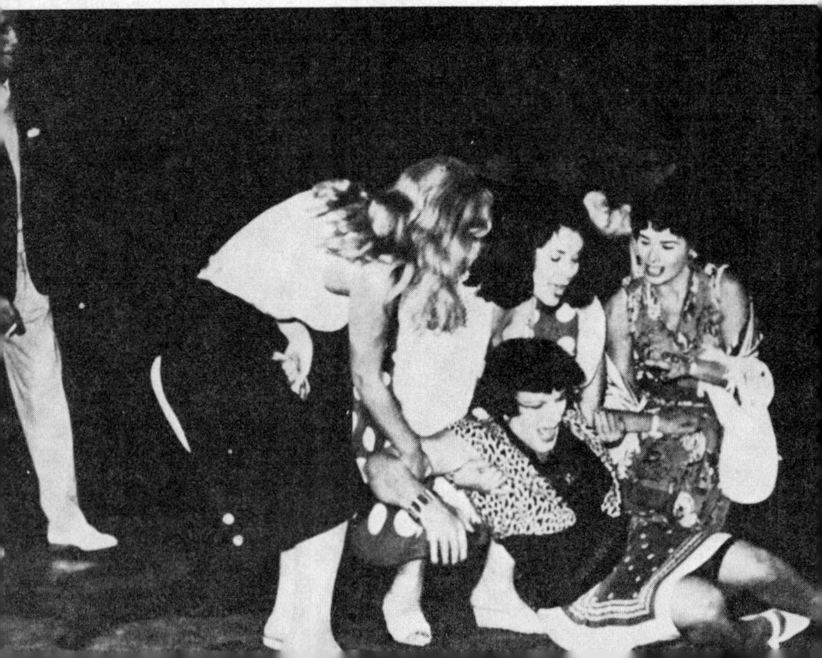

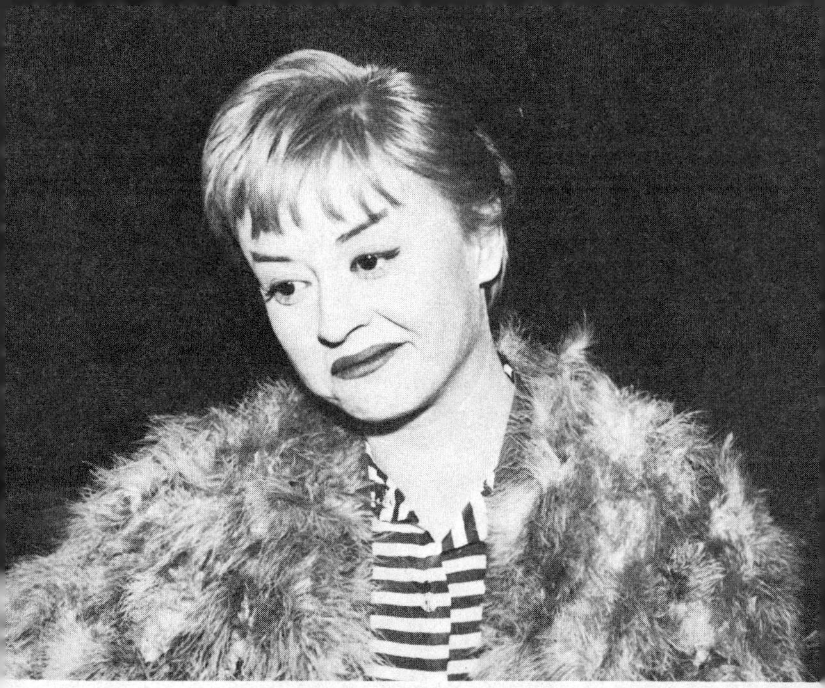

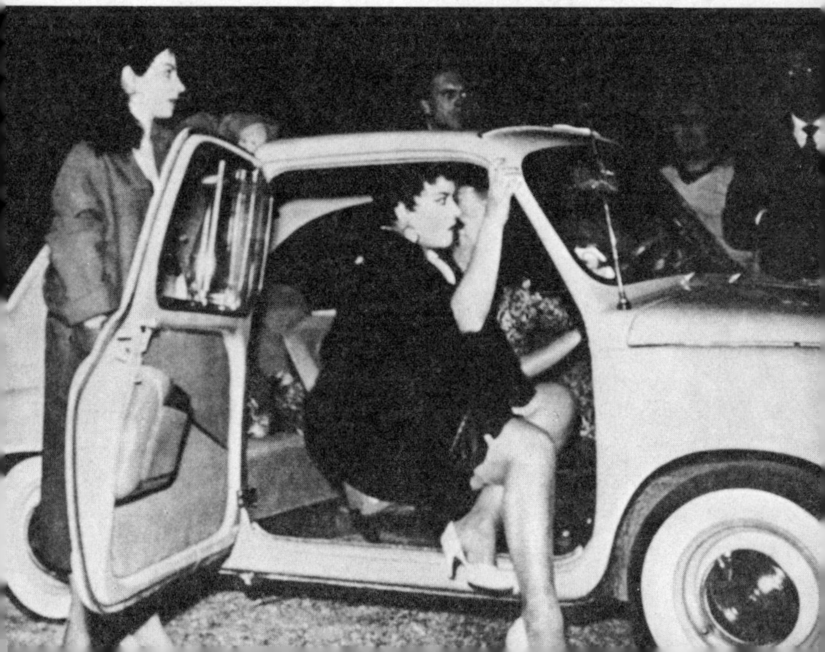

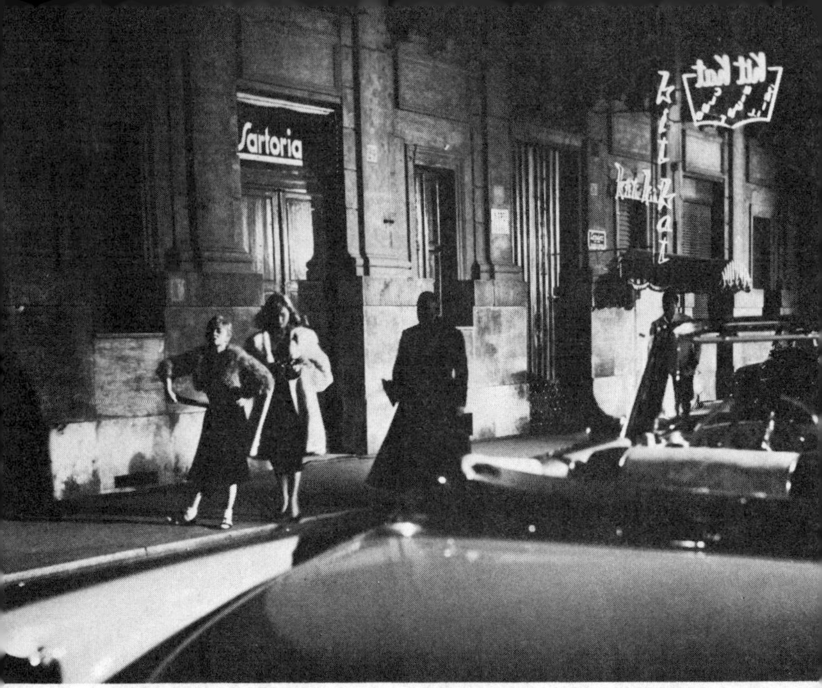
Sartoria
Kit Kat

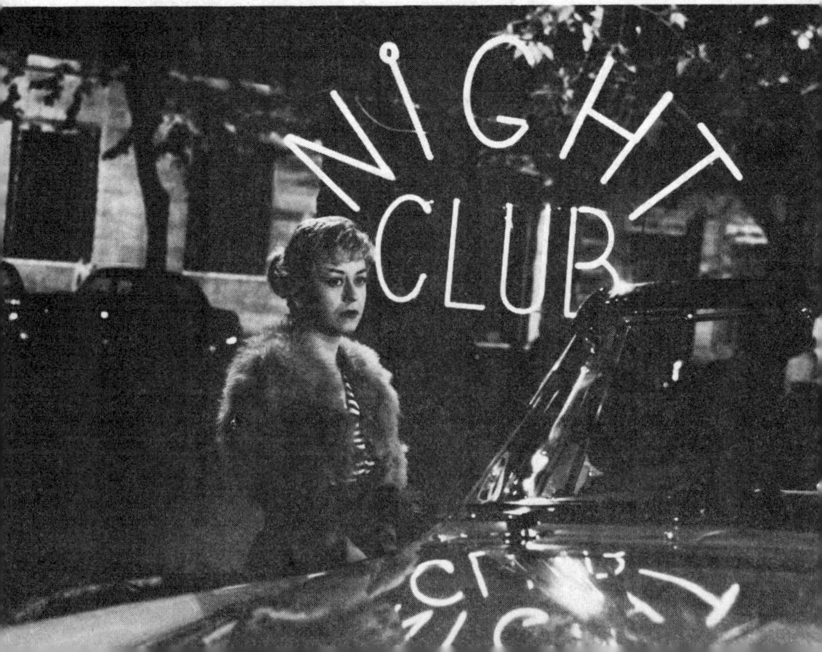
NIGHT
CLUB

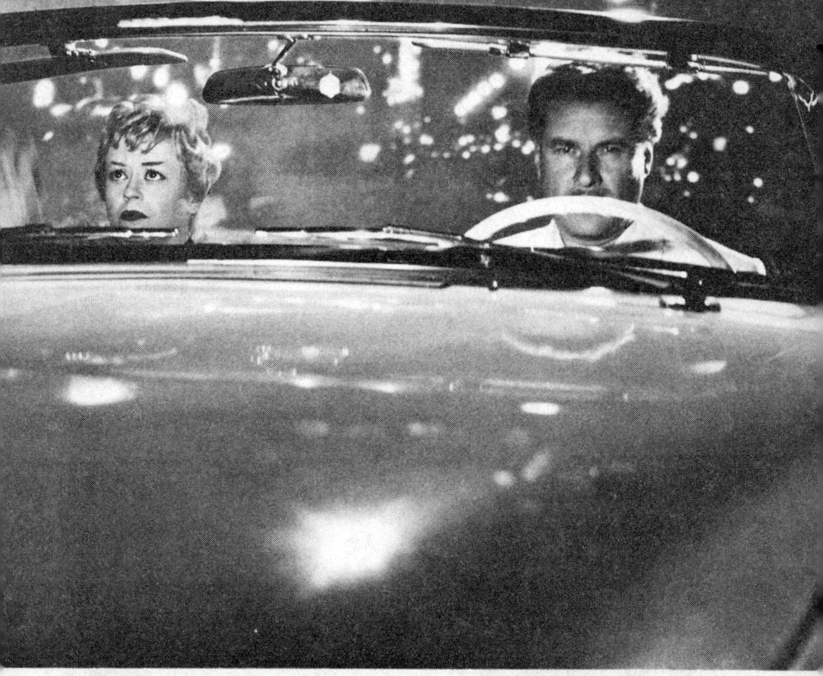

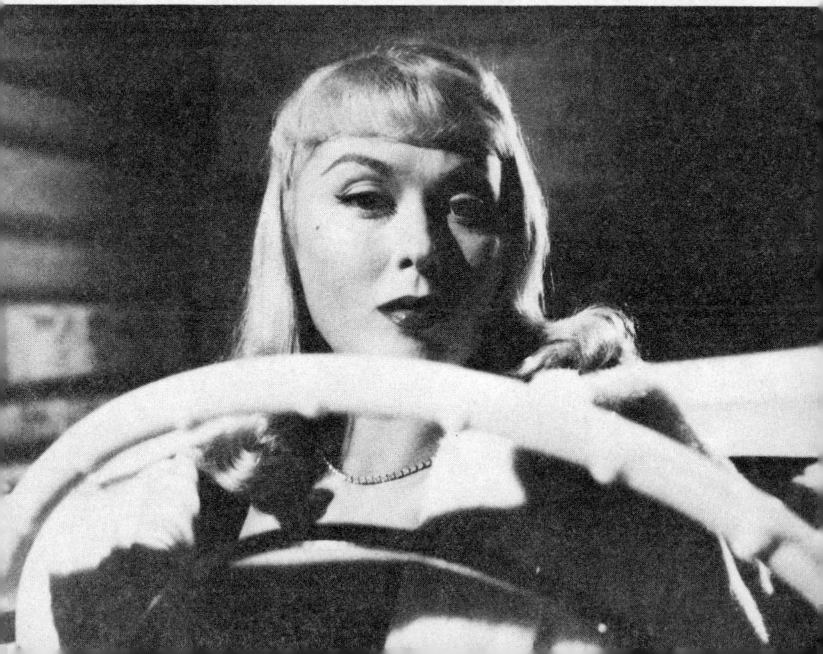

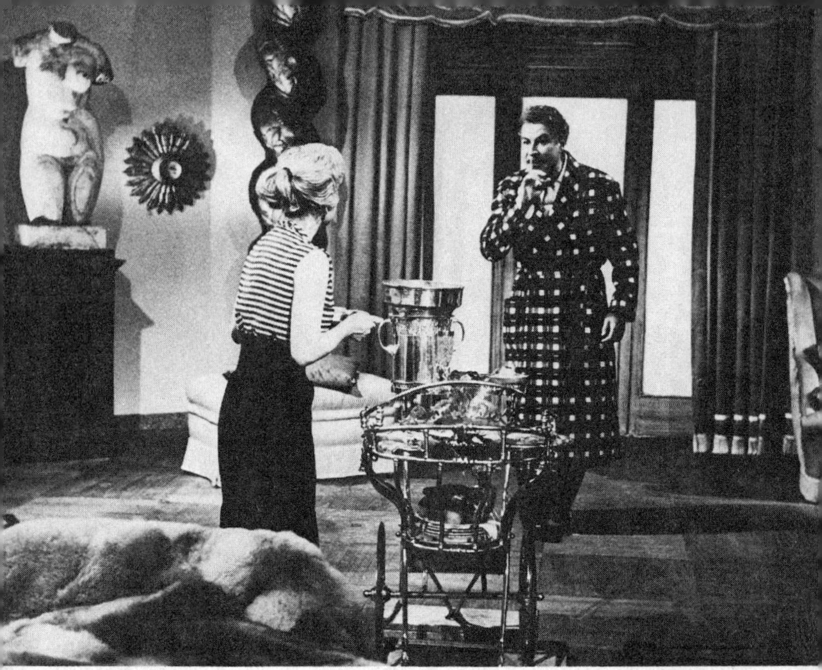

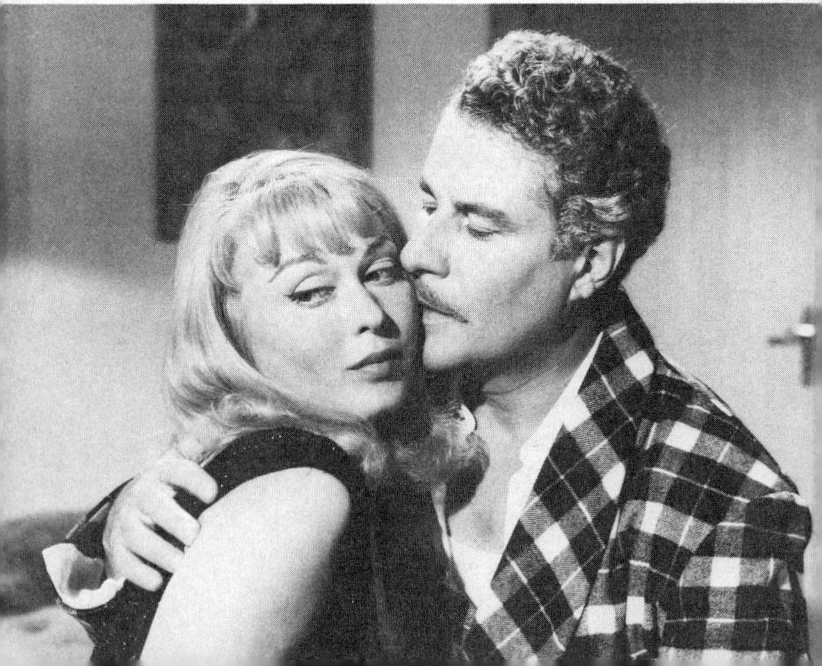

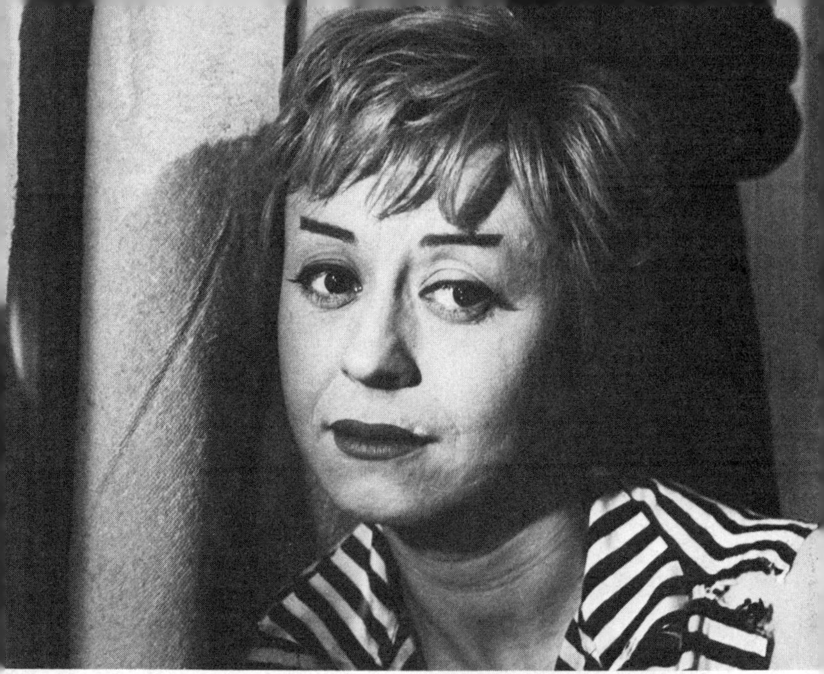

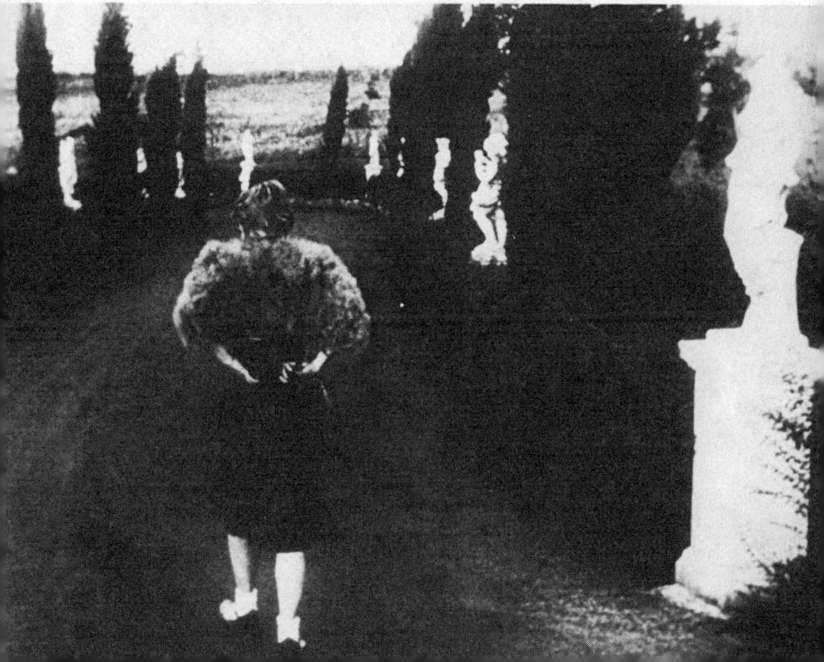

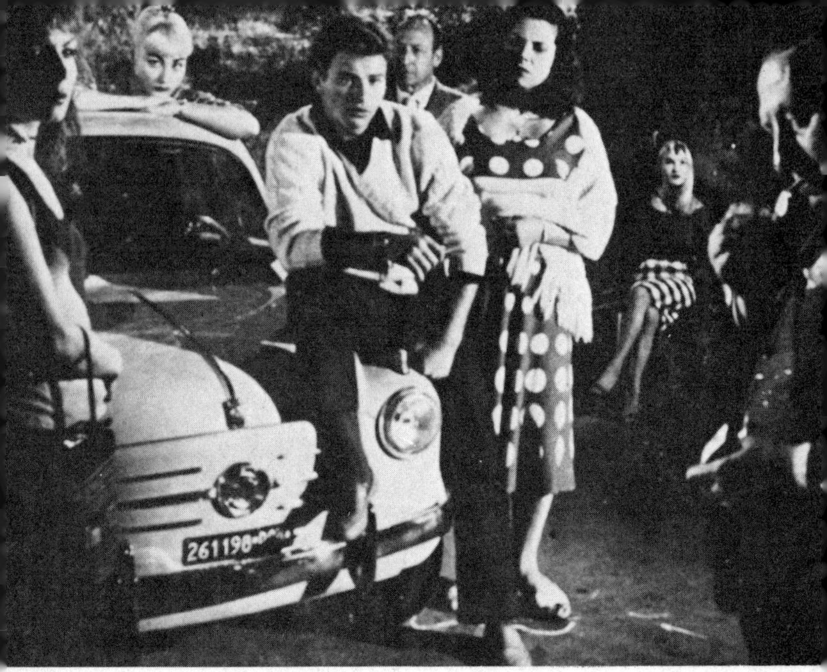
261198

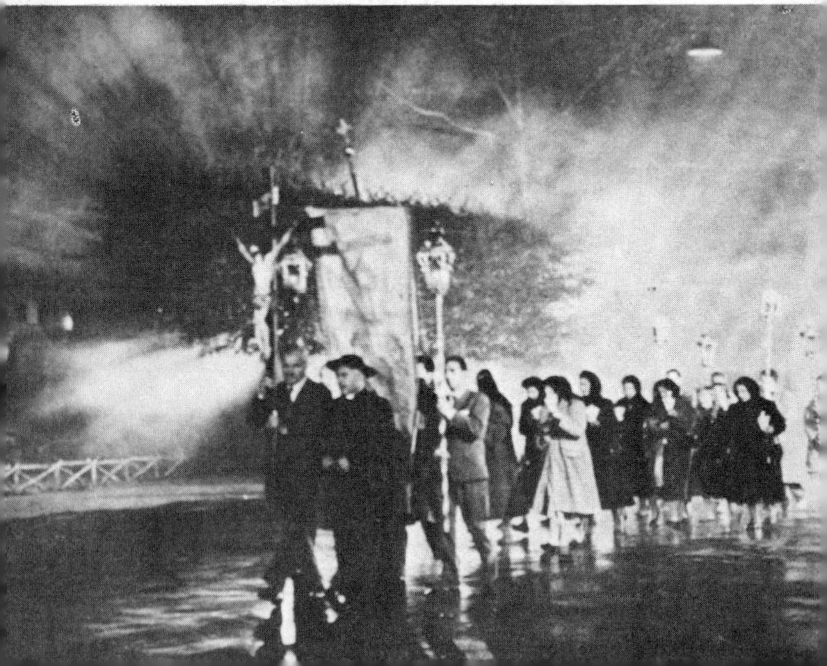

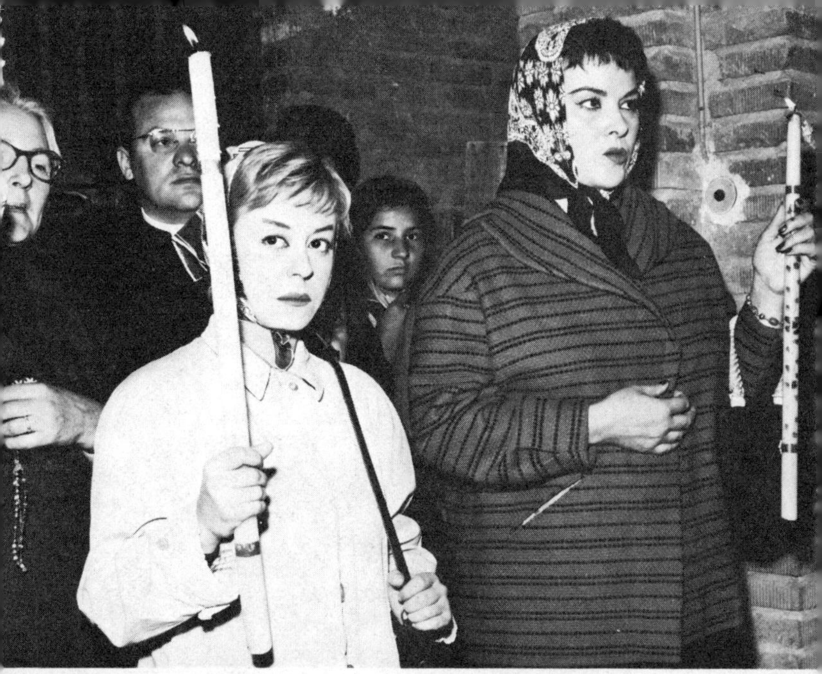

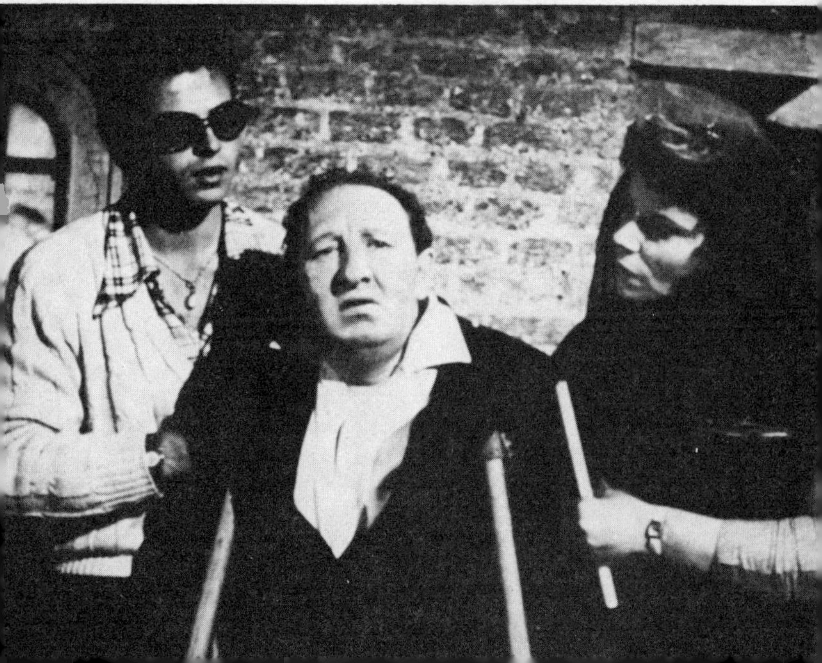

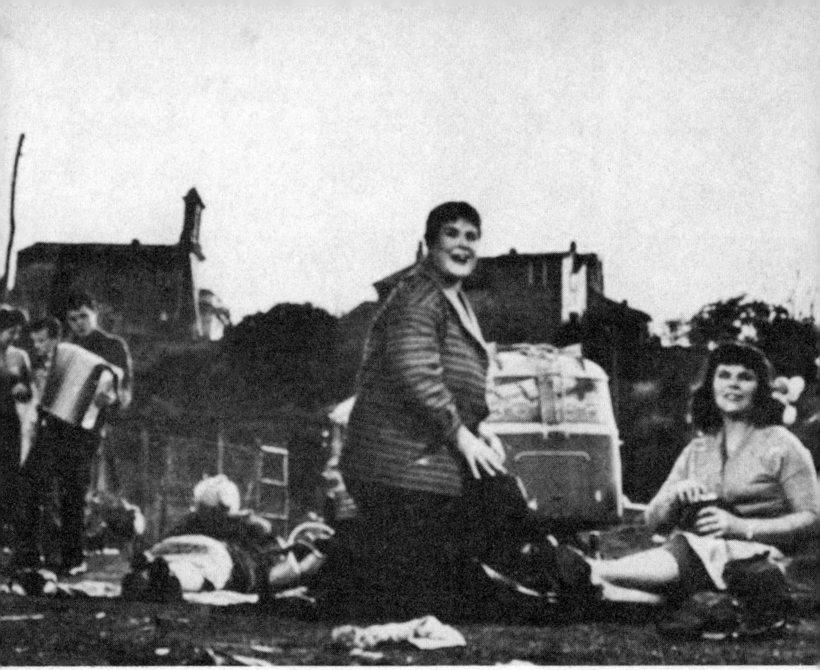

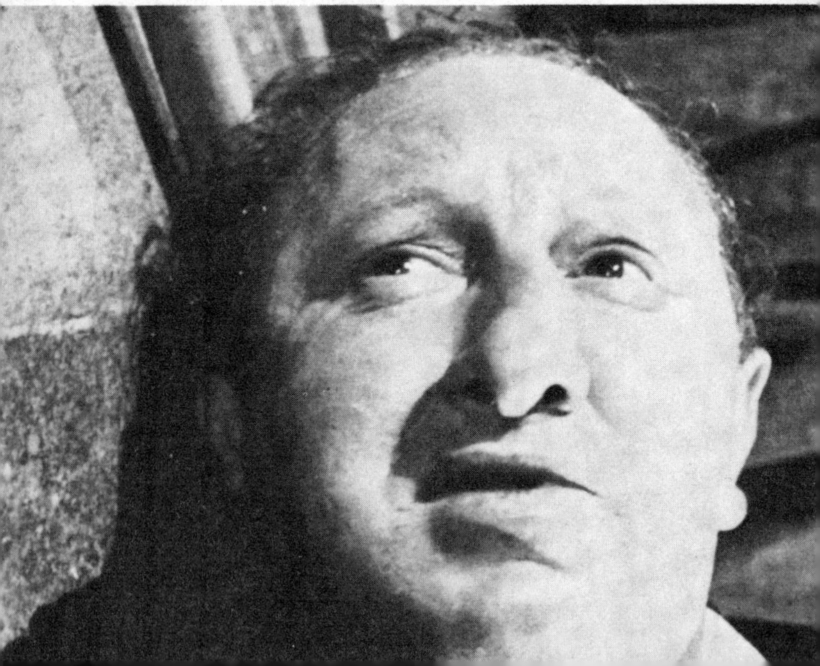

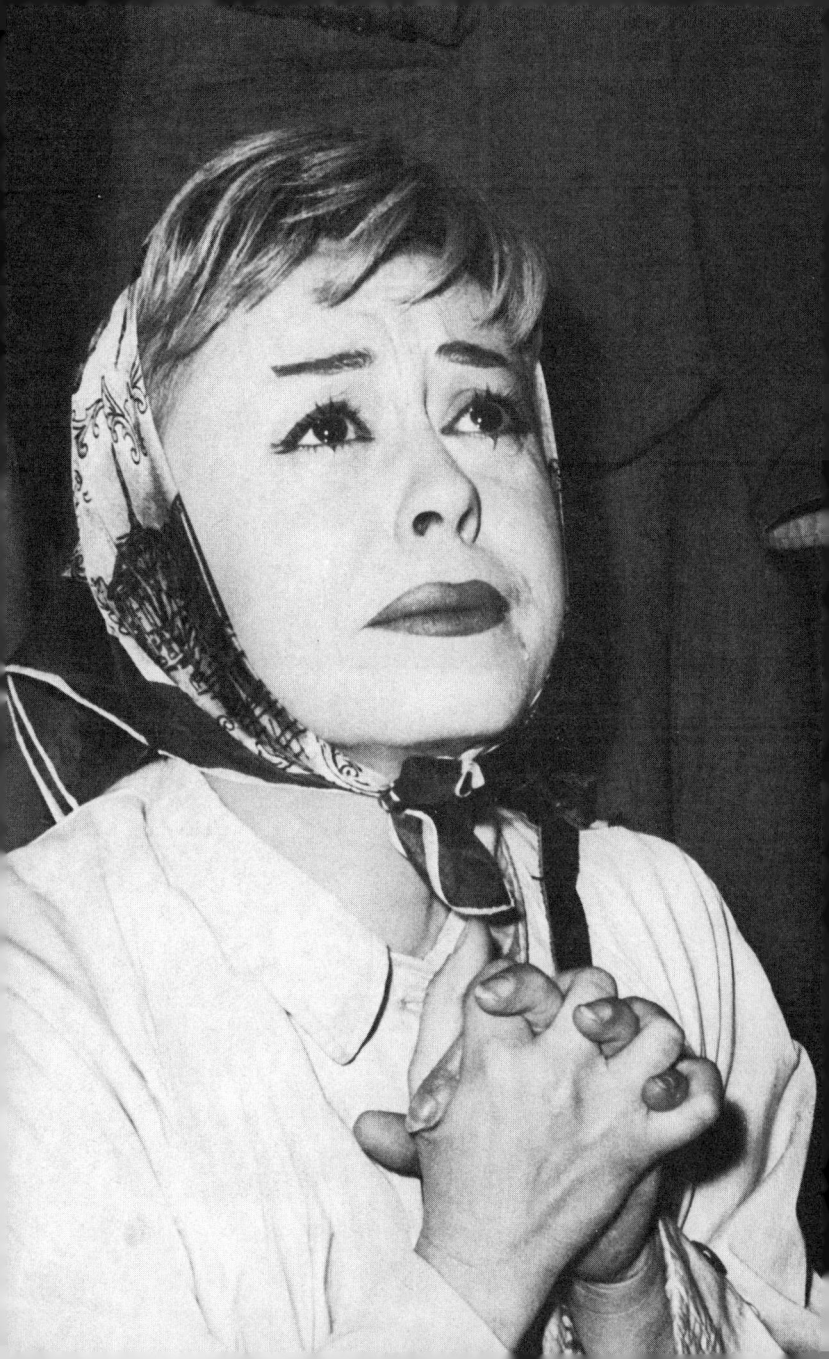

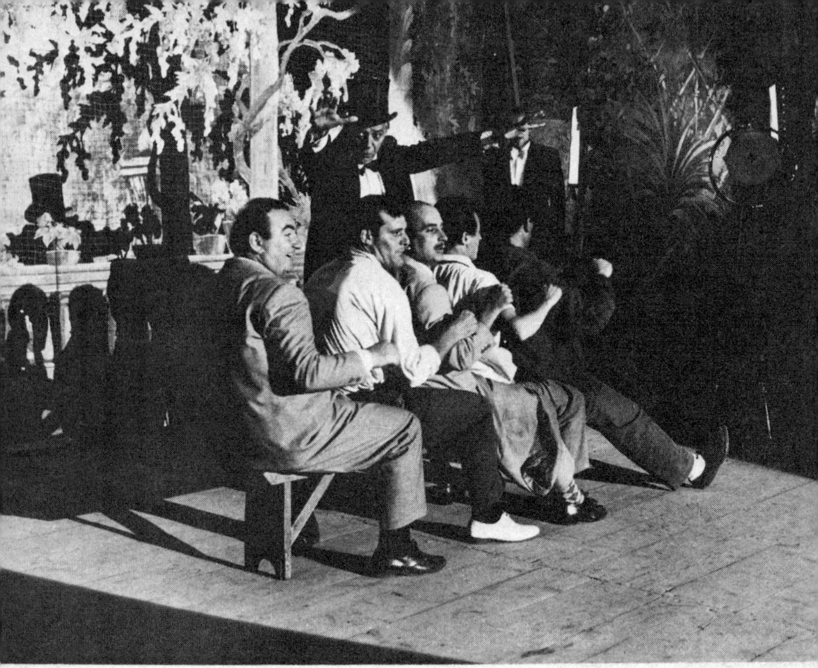

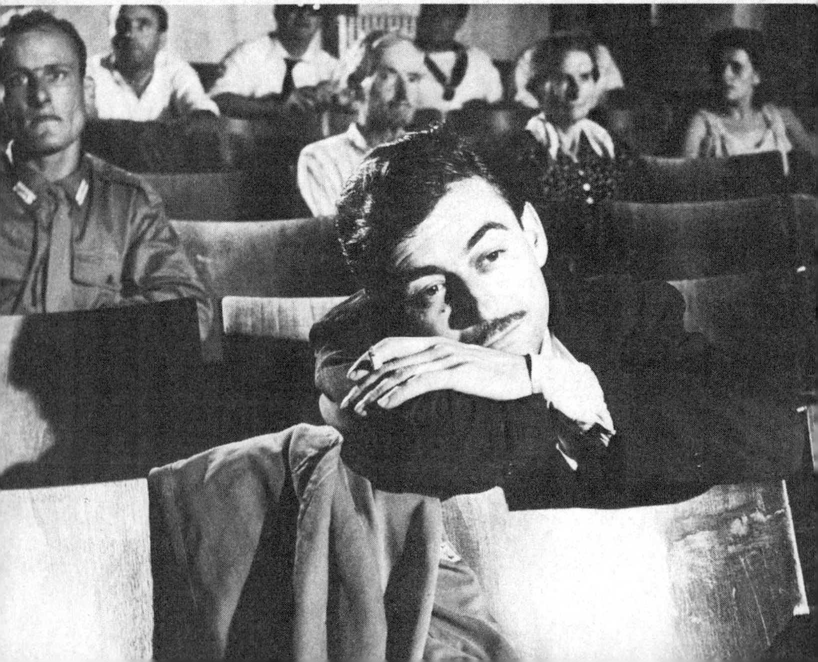

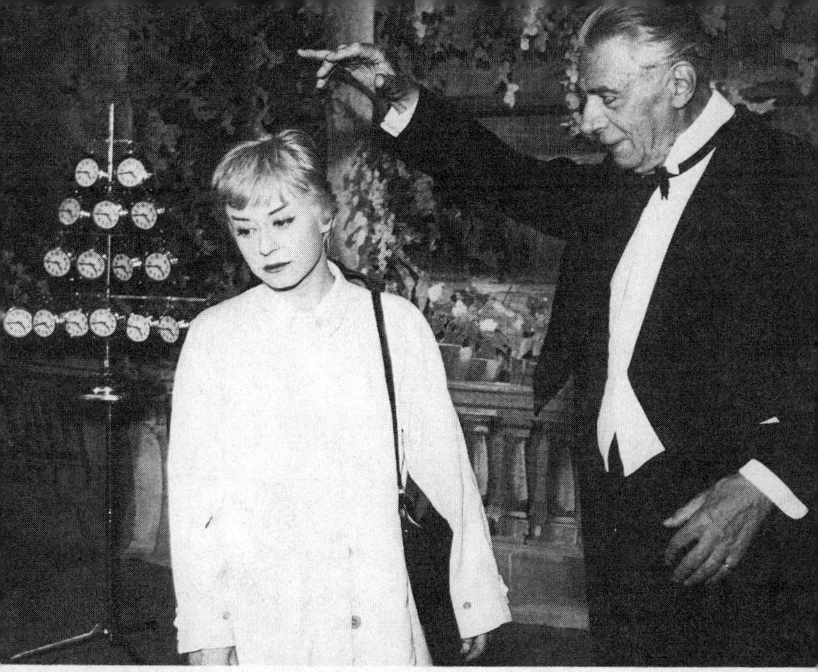

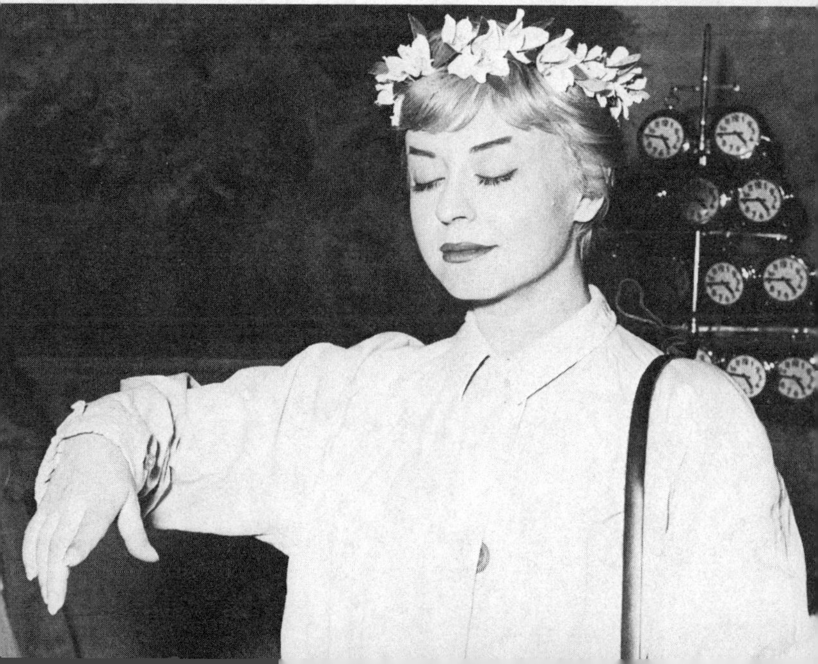

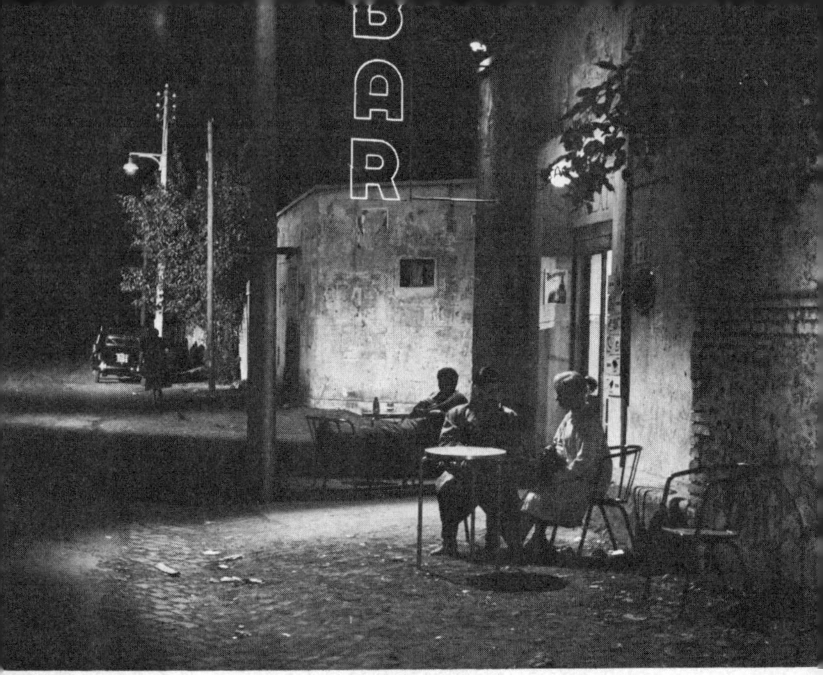
BAR

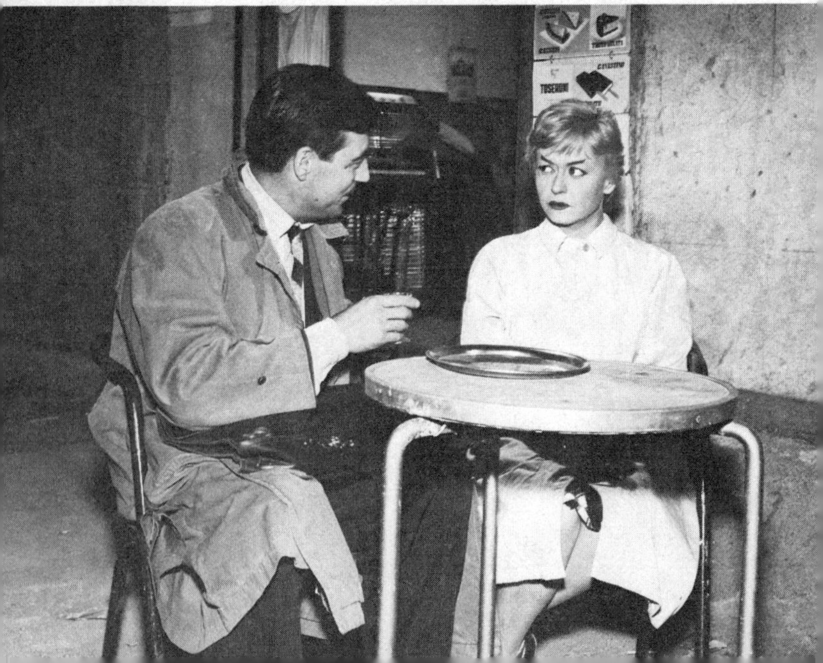

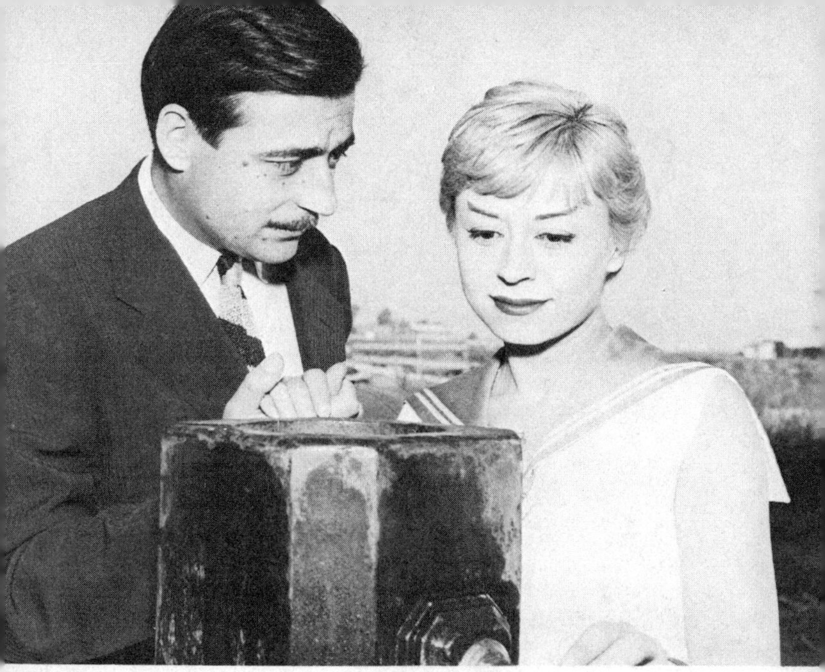

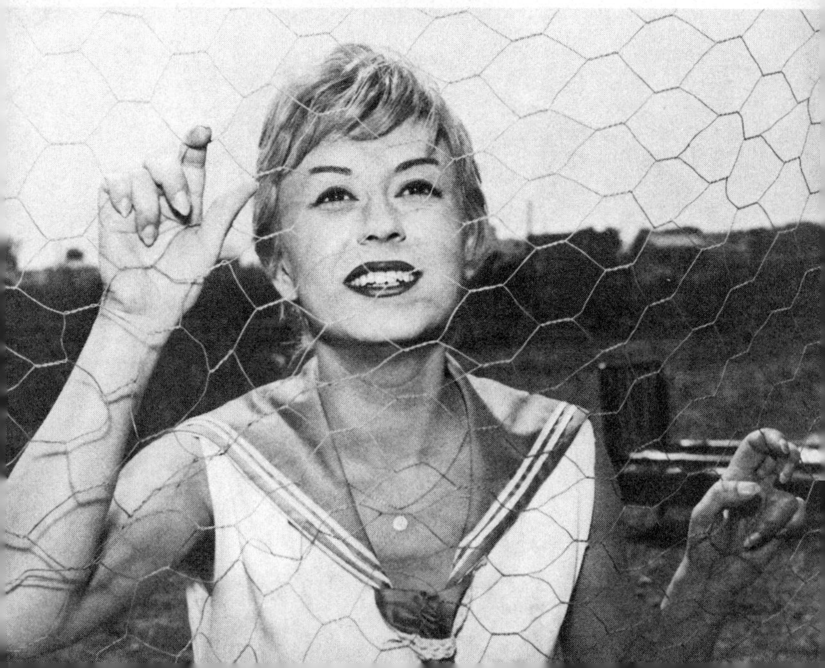

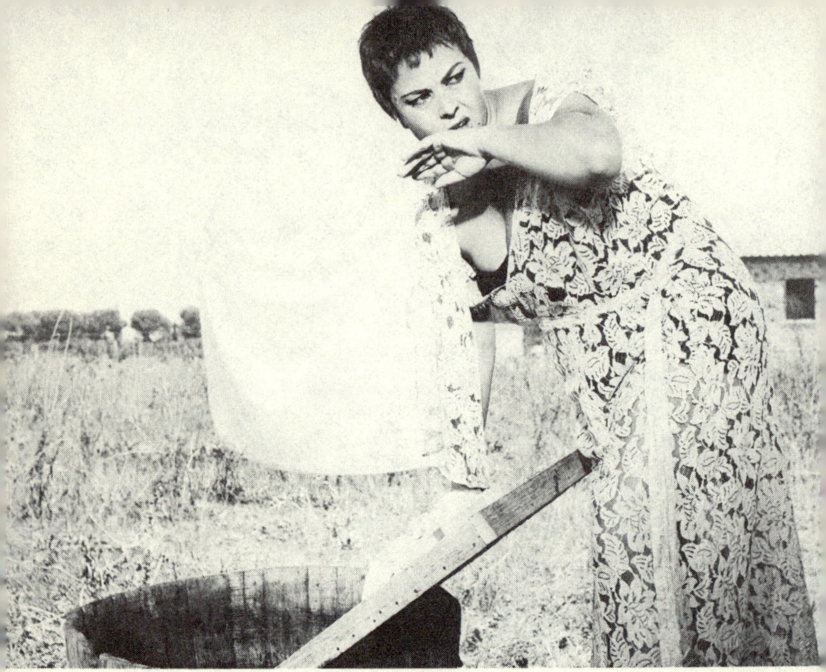

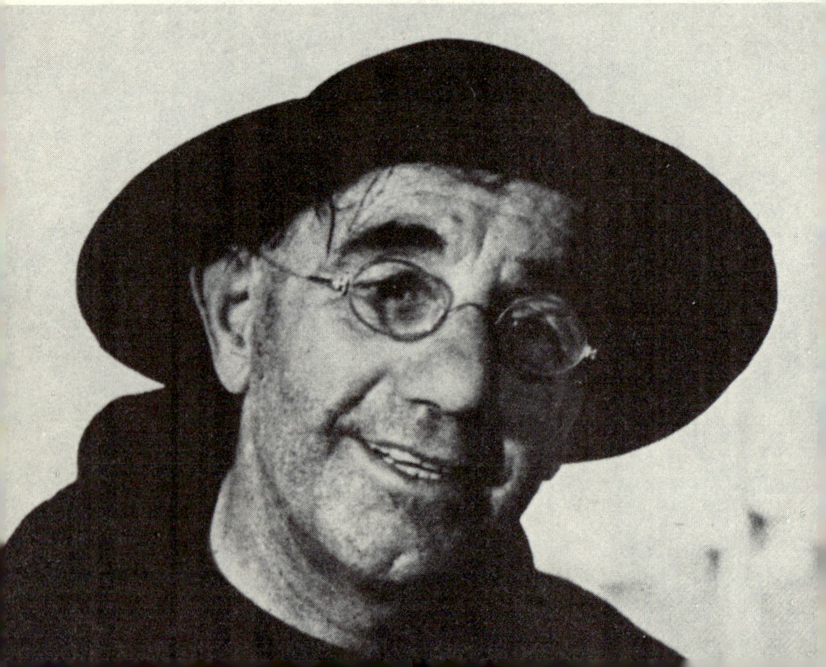

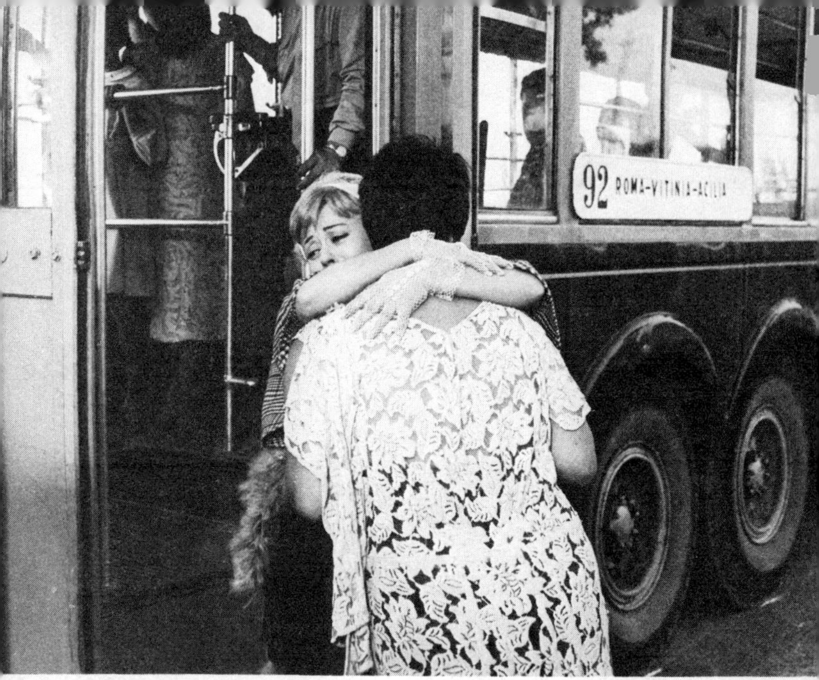
92 ROMA-VITINIA-ACILIA

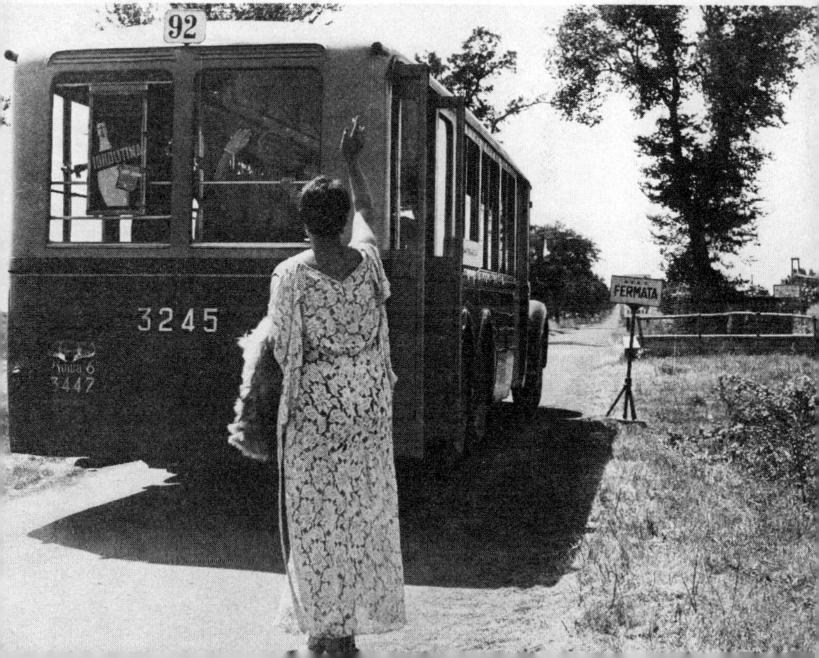
92
3245
FERMATA

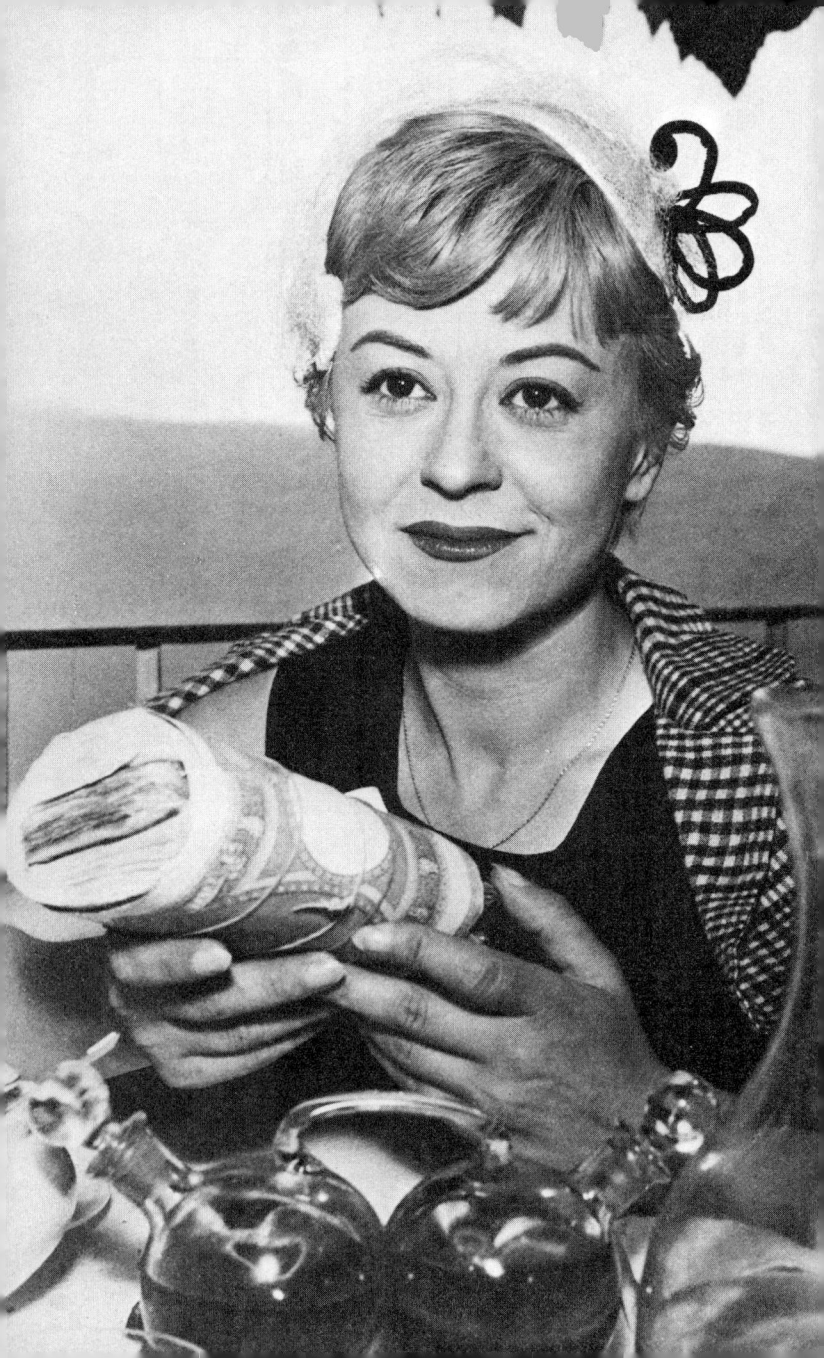

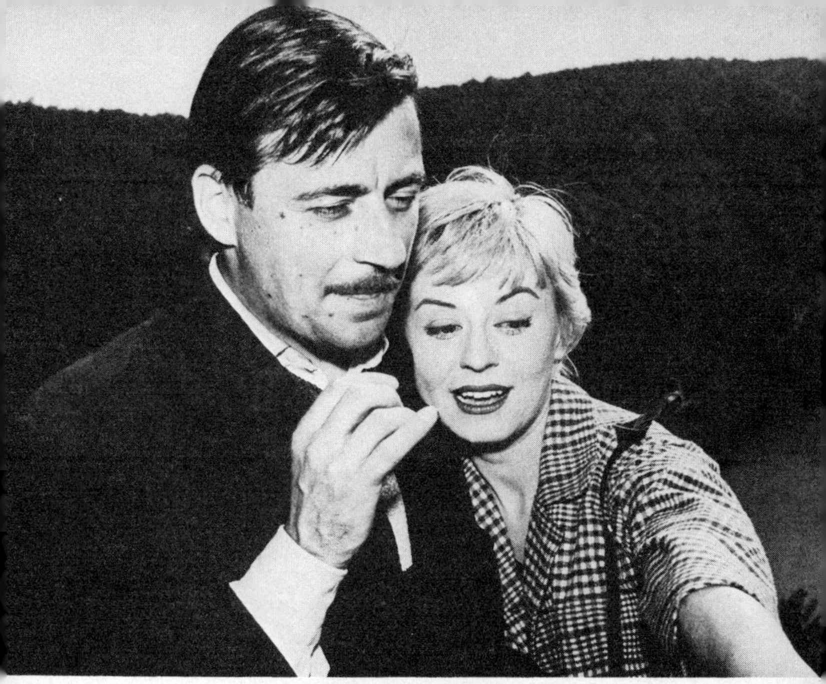

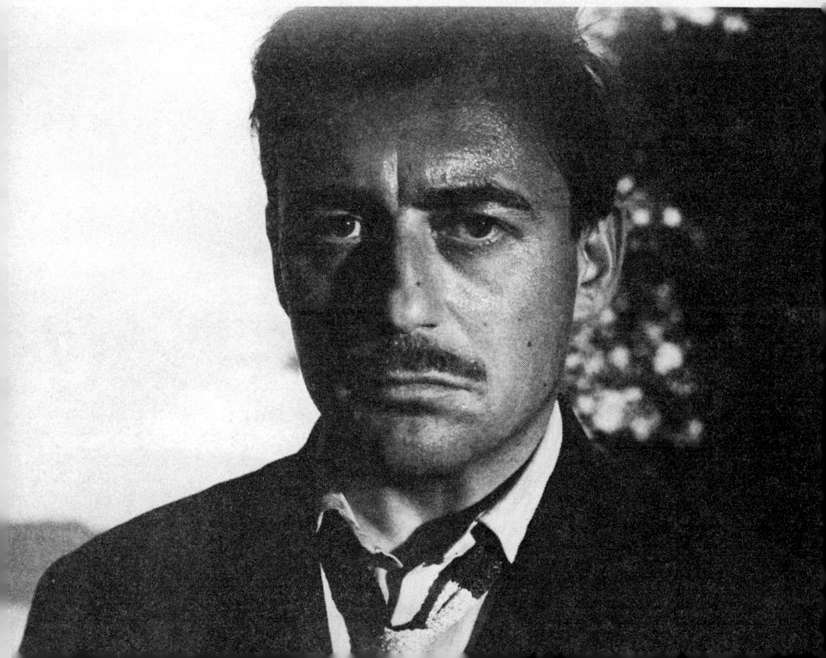

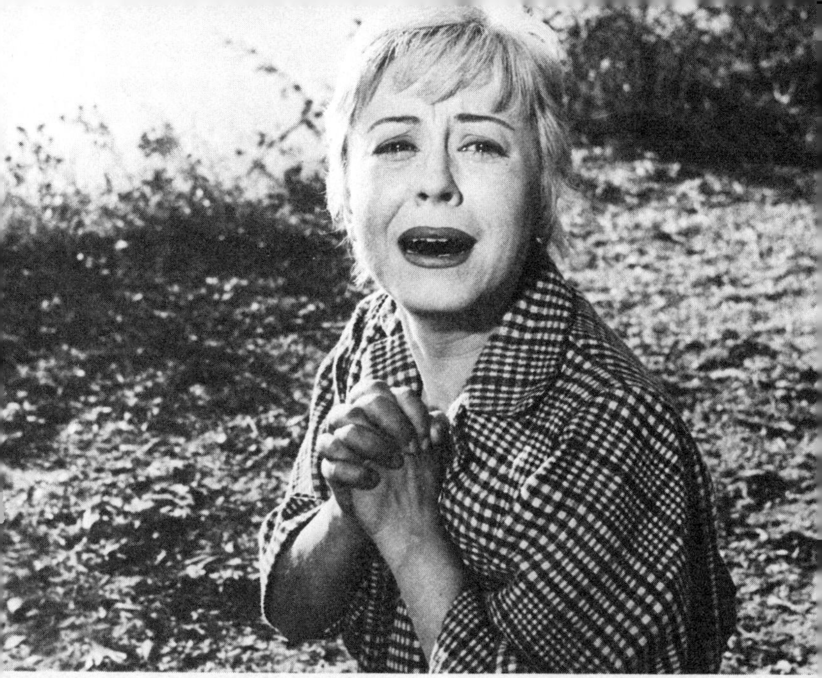

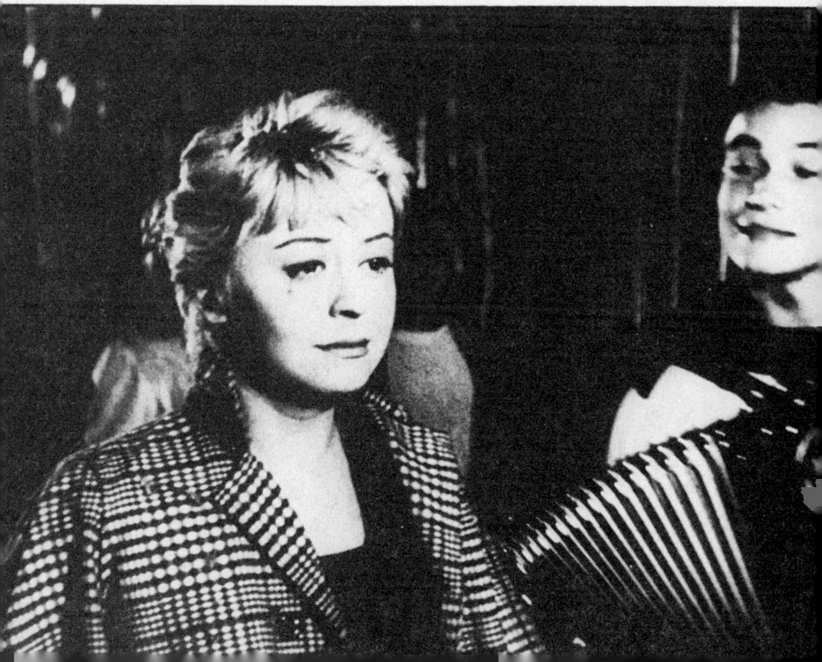

Fellini über ›Die Nächte der Cabiria‹

Als ich in den Baracken der römischen Vorstadtviertel ›Il Bidone‹ drehte, machte ich die Bekanntschaft einer Prostituierten namens Wanda. Als unser Team in dieses armselige Viertel kam, freuten sich alle Bewohner darüber, nur sie als einzige wollte nichts von uns wissen.

Groß und kräftig, wie sie gebaut war, riß sie das Aufnahmegerät aus den Schienen, schleuderte uns stolze Beleidigungen entgegen und schloß sich in ihrer Baracke ein. Das ereignete sich am ersten Tag, und sie ließ sich nicht umstimmen. Ich wies alle an, sie einfach nicht zu beachten und einen Korb mit Essen vor ihre Tür zu stellen. Sie tat so, als ob sie ihn nicht sähe und widerstand den ganzen Tag. Gegen Abend schließlich holte sie den Korb, wobei sie wie ein Kind mit lauter Stimme sprach und gleichzeitig ihre Neugier und ihre Verachtung nachdrücklich zum Ausdruck brachte, dann setzte sie sich an den Rand eines nahegelegenen Grabens, öffnete den Korb und fiel von einer Verwunderung in die andere.

Am dritten Tag befand ich mich wie gewöhnlich bei der Arbeit, als ich hinter meinem Rücken eine Stimme sagen hörte:

›Ja, stehst du denn immer? Setzt du dich nie hin? . . .‹

Ich drehte mich um und sah diese Unglückselige, die mir einen Stuhl hinhielt. Von diesem Tag an bis zum Ende der Dreharbeiten hockte sie nun immer zu meinen Füßen, glücklich, wenn ich das Wort an sie richtete oder sie ansah. Sie suchte Zärtlichkeit. Ihr wildes Verhalten verdeckte nur ein riesengroßes Zärtlichkeitsbedürfnis. Auf diese Weise habe ich dann angefangen, an Cabiria zu denken . . .

Eine Prostituierte als Hauptfigur habe ich einmal wegen meiner Vorliebe für extreme Beispiele, zum anderen aber auch aus dem objektiven Grund gewählt, daß die Beziehungen zwischen einem Mann und einer Prostituierten zu den brutalsten gehören, die es überhaupt gibt.

Anfangs ist Cabiria eine kleine mondsüchtige Spinne. Mit einem Auge hängt sie einem Traum nach und mit dem anderen sieht sie die Wirklichkeit. Die Mythen der Nacht verfolgen sie am hellichten Tag, und sie ist stets darauf gefaßt, zwischen den Bäumen der Passeggiata Archeologica den mittelalterlichen Ritter oder befiederten Erzengel auftauchen zu sehen, der ihr im letzten Traum erschienen ist.

Das Ende von ›La Strada‹ wird bestimmt durch die beunruhigenden Beziehungen kosmischer Art, die zwischen Zampanò und dem Mysterium entstehen, durch einen Schimmer von Gleichgewicht und Harmonie, der den Rohling erleuchtet.

In ›Le notti di Cabiria‹ stürzt sich die Heldin nach der furchtbarsten Desillusionierung wieder ins Leben, und das Leben begegnet ihr lächelnd in Gestalt von menschlichen Stimmen, die sie freudig begrüßen.

Und das reicht schon aus, um in ihr trotz allem wieder Vertrauen zu wecken in etwas, dessen Sinn und Zweck sie nicht kennt, das aber jedenfalls Ausdruck einer unaufhaltsamen und von der Vorsehung gelenkten Kraft ist, die in uns selbst ruht. Einer unfaßbaren und zuweilen aussetzenden Kraft, die jedoch nicht geleugnet werden kann: sie ist der ängstliche Wunsch nach dem Guten an sich, Vorahnung oder Erinnerung an eine lichtere Welt, in der alle Beziehungen reiner, freudvoller sind.

Aus ›La Revue du Cinéma‹, Nr. 246, Paris, Januar 1971; deutsch von Linde Birk

[...] Ich versuche, die Figur dem Schauspieler anzupassen. Ich fordere auch dem Schauspieler niemals eine besondere Interpretationsanstrengung ab, das heißt, ich halte nicht unabänderlich daran fest, daß ein Satz auf die und die Art gesagt werden soll. Im Falle Giuliettas als Gelsomina, – ja, das ist das einzige Beispiel, wo ich eine Schauspielerin, die ein überschwengliches, aggressives, recht feuersprühendes Temperament hat, in die stilisierte Rolle eines Geschöpfes gezwungen habe, das von Furcht gebeugt ist, einen kleinen Verstand hat und eine Gebärdensprache, die immer auf der Grenze zwischen Karikatur und Groteske liegt. Das ist sehr mühevoll gewesen; und in diesem Fall, möchte ich sagen, hat Giulietta im Unterschied zu ›Cabiria‹ eine größere Interpretationsanstrengung vollbracht, weil Gelsomina wirklich eine ›Interpretation‹ ist, während sie sich in ›Cabiria‹ in größerer Übereinstimmung mit ihrer Persönlichkeit befand, das heißt, mit ihrer Angriffslust, ihrer so traumartigen Phantasie und der Weitschweifigkeit, mit der sie spricht.

Beim Anleiten der Schauspieler spiele ich im allgemeinen die ganze Szene vor und versuche, dem Gesprochenen die Betonung zu geben, die es meiner Meinung nach haben muß. Manchmal jedoch, um niemanden zu beeinflussen, niemanden zu zwingen, mich nachzuahmen, will ich sehen, was er von sich aus könnte. In diesem Zusammenhang kann ich Ihnen noch etwas sagen, nämlich daß ich einen der Impulse für tiefere Einsichten eben gerade in die Art, wie die Schauspieler spielen müssen, während der Pausen zwischen einer Aufnahme und der folgenden erhalte, das heißt, in den Augenblicken, in denen der Schauspieler entweder sich auf einen Stuhl setzt oder das Proviantkörbchen verlangt oder mit einer Darstellerin flirtet oder telefonieren geht oder einschläft. Es ist nichtsdestoweniger immer ein bißchen schwierig, wieder zu dem Moment zurückzufinden, in dem sich die Inspiration entzündet, aber ich könnte in diesem Zusammenhang erzählen, wie das Finale von ›Le notti di Cabiria‹ entstanden ist. Es ist nicht allein als Finale entstanden, sondern recht eigentlich als die inspirierende Idee für den ganzen Film.

Als eine bestimmte Linkspresse mich beschuldigte, gegenüber der Wirklichkeit eine ausweichende, undurchsichtige Haltung einzunehmen, mit meinen Geschichten kein Ziel, keine klare Lösung anzubieten, habe ich – abgesehen von der ein klein bißchen hysterischen Gereiztheit, zu der man kommen kann, wenn man Dinge liest, auf die man nicht vorbereitet ist – einen Demutsakt vollziehend, mir gesagt: tatsächlich raten Zavattini und de Sica, einer Partei beizutreten (ich möchte keine Witze machen); das heißt, sie haben einen Glauben, der mir fehlt, zumindest an eine bestimmte Richtung. Deshalb geben natürlich ihre Geschichten und ihre Figuren am Schluß des Films eine größere Befriedigung, als meine sie geben. Also habe ich gesagt: vielleicht haben diese Herren recht, aber ich bringe es nicht fertig, meinen Gestalten zum Schluß zu sagen: paßt auf, kauft die und die Zeitung oder verheiratet euch oder geht in die Kirche . . . ich bringe es nicht fertig, ihnen irgend etwas zu sagen.

Im Grunde ist das für einen Autor eine recht unmenschliche Haltung gegenüber seinen Gestalten. Um also meinen guten Willen zu zeigen (als wollte ich einmal zu einer meiner Figuren sagen: »Paß auf, mach das so und so!«), habe ich gedacht: »Was sage ich ihr?« Und nachdem ich eine Weile nachgedacht hatte, war mir klar, daß ich ihr nichts raten könne, weil ich mir selbst nichts sagen kann. Folglich ist das einzige, was ich meinen Figuren, die immer so unglücklich sind, bieten könnte, ein Zusammengehörigkeitsgefühl, und zwar könnte ich ihnen sagen: »Hör zu, ich kann dir nicht sagen, was nicht in Ordnung ist, aber ich bleibe bei dir und bringe dir ein Ständchen.« So habe ich mir bei ›Le notti di Cabiria‹ gedacht: ich will einen Film machen, der die Geschichten einer Unglücklichen erzählt, die trotz allem dennoch vage und kindlich auf eine bessere Beziehung hofft, überhaupt auf eine Beziehung; und am Ende des Films will ich ihr sagen: ›Hör zu, ich habe dich solches Pech erleiden lassen, aber du bist mir so sympathisch, daß ich dir ein Liedchen singen lasse.‹ Also hatte ich mir, ausgehend von dieser vielleicht ein klein wenig kindischen Idee, eine Szene ausgedacht. Sie war eine Frau, eine unglückliche Figur, die am Ende eines Erlebnisses, das noch schrecklicher war als die anderen, so endgültig das Vertrauen in die Wirklichkeit und Menschlichkeit verlieren sollte, die sie umgaben, daß sie vernichtet daraus hervorgehen mußte. Und da habe ich gedacht: warum könnte dieser Figur nicht in einem bestimmten Moment die Überzeugung erwachsen, daß es jemanden gibt, der ihr auf sympathische und nette Weise sagt: ›Du hast recht‹? So wurde diese Figur zu Cabiria, und ihre Erlebnisse sind die einer Prostituierten geworden, die ein Rattenleben in einer furchterregenden Umgebung führt, in einer Wirklichkeit, die sie unausgesetzt zu Boden wirft, die aber unschuldig und mit diesem rätselhaften Vertrauen durch dieses Leben hindurchgeht. Zum Ende des Films ist mir die Idee gekommen, sie einem Grüppchen lustiger Käuze begegnen zu lassen, also sehr jungen Leuten, das heißt, einer zukünftigen Menschheit, die freundlich, sie ein bißchen neckend, aber treuherzig zum Zeichen ihrer Verbundenheit ihr ein Lied vorspielen. Diese Idee ist dann letztlich die Keimzelle des Films gewesen.

Über die Arbeit mit Giulietta kann ich sagen, daß sie nicht allein die Interpretin meiner Filme ist, sondern sie hat sie auch inspiriert; ich meine inspiriert nicht in dem Sinne, daß ihre Mitarbeit wie die von Pinelli, Flaiano und Rondi verlaufen sei, sondern inspiriert in einem tieferen Sinn, eben als inspirierende Muse. Das heißt, das Leben mit Giulietta, das, was ich über sie denke, die Vorstellung, die ich mir von ihr gemacht habe und von dem, was ihre Menschlichkeit sein mag, was gleichsam ihr Sinn in meinem Leben ist, das hat mich gerade zu ›La Strada‹ und ›Le notti di Cabiria‹ inspiriert.

Aus ›Bianco e Nero‹, Jahrgang XIX, Nr. 5, Rom, Mai 1958; deutsch von Dieter Schwarz

Cabiria, mein jüngstes Geschöpf: zerbrechlich, zart und unglücklich, hat nach vielen Mißgeschicken und nach dem Zusammenbruch ihres einfältigen Liebestraums den Glauben an die Liebe und an das Leben bewahrt. Diesen meinen letzten Film voller Tragik schließt ein lyrischer Ausbruch in musikalischer Form, eine Serenade im Wald, weil Cabiria trotz allem in ihrem Herzen das Geheimnis einer neuentdeckten Gnade trägt. Wir brauchen uns nicht um die Beschreibung dieser Gnade zu bemühen: wir wollen Cabiria selbst die Freude lassen, uns schließlich zu sagen, ob diese Gnade die Begegnung mit Gott ist.

Aus ›Brief an einen Jesuitenpater‹, in: ›Der Filmberater‹, Nr. 15, Zürich, September 1957; deutsch von Charles Reinert

Federico Fellini
im Diogenes Verlag

Werkausgabe der Drehbücher und Schriften. Herausgegeben von Christian Strich
Die Drehbuchbände enthalten zusätzlich das Treatment, Äußerungen Fellinis zum Film und
zahlreiche Szenenfotos

Luciano De Crescenzo
im Diogenes Verlag

Zio Cardellino
Der Onkel mit dem Vogel

Roman. Aus dem Italienischen von
Ina von Puttkamer. Leinen

Luca Perella, Neapolitaner, lebt in Mailand und arbeitet als leitender Angestellter in einem multinationalen Konzern. Eines schönen Tages bringt er in einer Besprechung mit Vorgesetzten Töne hervor, die stark an Vogelgezwitscher erinnern. Was ist mit ihm geschehen? Ist er durchgedreht? Hat er beschlossen, seinen Chef zum Narren zu halten, oder ist er tatsächlich dabei, sich in einen Vogel zu verwandeln? Wie wird seine Firma auf diese Metamorphose reagieren?

»De Crescenzo versteht, diese schlichte Parabel inspiriert, witzig und gescheit zu erzählen. Und das ist keine geringe Tugend. Wer kann das noch: einfach erzählen? Eigentlich ist das Buch ein Märchen.« *Basler Zeitung*

»*Zio Cardellino* ist ein delikates, liebenswürdiges Buch, ein Märchen voller subtiler, scharfer Gedanken, die Form ist leicht und flink wie der Flügelschlag eines zarten Vogels beim ersten Flug.« *Il Corriere di Roma*

»Ein feines Buch mit einem Hauch surrealer Poesie.« *Il Tempo, Mailand*

Geschichte der griechischen Philosophie
Band 1: Die Vorsokratiker
Band 2: Von Sokrates bis Plotin

Aus dem Italienischen von
von Linde Birk. Leinen

Diese Bücher beweisen, daß nicht die Philosophie langweilig ist, sondern höchstens die, die darüber schreiben.

»Philosophen wie du und ich – De Crescenzo hat die *Geschichte der griechischen Philosophie* so unterhaltsam aufbereitet, daß sie ein Bestseller wurde – weil er verständlich schreibt.« *stern, Hamburg*

oi dialogoi
Von der Kunst, miteinander zu reden

Aus dem Italienischen von
Jürgen Bauer. Leinen

Kurze, humoristische Erzählungen über die Schönen Künste, Feuerwerke und Silvester, über Auto- und Heiligenkult, Eigentumswohnungen und Gespenster, Atomschutzanlagen, Maradona, die Madonna und grüne Männchen…

»Klar, schnörkellos, mit Witz geschrieben – wie eine geistige Blutauffrischung.« *Neue Zürcher Zeitung*

Also sprach Bellavista
Neapel, Liebe und Freiheit

Aus dem Italienischen von
Linde Birk. detebe 21670

»Zum Greifen dicht geschriebene Alltagsgeschichten, denen Bellavista immer eine philosophische Quintessenz zu entlocken weiß.« *Die Zeit, Hamburg*

»De Crescenzo kann alles: Er ist Dichter, Sänger, Regisseur, Schauspieler, Talkmaster, Zeichner. ›Für mich ist das eigentlich alles dasselbe. Ich bin ein Erzähler.‹« *Die Weltwoche, Zürich*

Vitaliano Brancati
im Diogenes Verlag

Der schöne Antonio

Roman. Aus dem Italienischen von Arianna Giachi
detebe 21724

»In *Der schöne Antonio* nimmt Brancati das Thema des erotikbesessenen Sizilianers, das er im *Don Giovanni* als ausgelassenes Divertissement geschildert hatte, wieder auf – diesmal aber im Klima der Tragödie. Was den schönen Antonio, von dem alle glauben, er sei ein Frauenheld, an der Erfüllung seiner hitzigen Wünsche hindert, ist nicht wie bei Giovanni eine lähmende Schüchternheit, sondern Impotenz. Er ist nicht imstande, die Ehe mit der schönen, reichen und von ihm über alles geliebten Barbara Puglisi zu vollziehen. In dieser extremen Situation enthüllt sich die sizilianische Erotomanie in ihrer ganzen Absurdität.«
Alice Vollenweider

Paolo der Heißblütige

Roman. Deutsch von Arianna Giachi
detebe 21385

»Wenn das Prädikat nicht inzwischen schon abgegriffen wäre, dann würden wir sagen, daß Brancati mit vollem Recht als ein Klassiker bezeichnet werden kann. Worin besteht seine Klassizität? Vor allem in den formalen und inhaltlichen Grenzen, die er sich setzte, nachdem er sie in sich selbst und in der Wirklichkeit entdeckt hatte; dann in der besonderen Qualität seiner Begabung, die viel Volkstümliches und Archaisches an sich hat; und schließlich in seinem Stil, der den Dingen und den Figuren treu ist, in der Darstellung realistisch und objektiv, im Ausdruck subjektiv und lyrisch. Auf seine Weise war Brancati ein vollendeter Schriftsteller, und seine Bücher geben dem Leser jenes Gefühl von

Zufriedenheit und Ruhe, das gerade die klassischen, also die vollkommen abgeschlossenen und klar konturierten Werke vermitteln. Bücher wie *Don Giovanni in Sizilien, Paolo der Heißblütige* und *Der schöne Antonio* haben das Bild dieses einzigartigen und genialen Schriftstellers definitiv geprägt.« *Alberto Moravia*

Don Giovanni in Sizilien

Roman. Deutsch von Hans Hinterhäuser
Leinen

»Ein Roman über den *gallismo* des sizilianischen Mannes, seine Art, als gackernder Hahn ständig auf seine Potenz aufmerksam machen zu müssen. Mit viel Sinn für Situationskomik und satirischen Witz, in schnell wechselnden Szenen erzählt Brancati von Don Giovanni, der sich und uns vorspielt, er dränge zum Weibe, und der tatsächlich die Weiber panisch flieht.«
Frankfurter Allgemeine Zeitung

Andrea De Carlo
im Diogenes Verlag

Macno

Roman. Aus dem Italienischen von
Renate Heimbucher-Bengs. Leinen

»Macno, einst Talkmaster im staatlichen Fernsehen,
hat sich über Einschaltquoten zum Diktator befördert.
Ausgehend von einer konventionellen Kritik an der
Allmacht des Fernsehens nimmt der Autor die Idee auf
und überdreht sie ohne Hemmungen, bis am Ende eine
schrille Geschichte steht, die dennoch verblüffend
wirklich klingt. Die gedankliche Abenteuerlust De
Carlos hat eine Geschichte hervorgebracht, an die sich
deutsche Autoren selbst in zehn Jahren noch nicht her-
angetraut hätten.« *Tempo, Hamburg*

Yucatan

Roman. Aus dem Italienischen von
Jürgen Bauer. Leinen

»Der Roman spielt auf mehreren Ebenen: der topo-
graphischen Ebene einer Reise nach Mexiko, der psy-
chologischen einer Selbstfindung des Helden, der
ideologischen einer Gegenüberstellung verschiedener
Lebenshaltungen. Obwohl das Magische immer wieder in die Geschichte hineinspielt, dominiert es sie
nicht. Man kann *Yucatan* auch als Reisebericht lesen.
Dies um so mehr, als sich der gleichsam photographi-
sche Blick, mit dem der Verfasser gewisse Aspekte des
amerikanischen Lebens wahrnimmt, seit der Veröf-
fentlichung seiner Erzählungen *Creamtrain* (1985)
und *Macno* (1987) womöglich noch geschärft hat. Be-
merkenswert ist nicht nur die Präzision, sondern auch
die Wertfreiheit seiner Beschreibungen. Der Verzicht
auf die Attitüden eines schöngeistigen Antiamerika-
nismus versetzt De Carlo in die Lage, ohne Zorn und
Eifer bestimmte zeitgenössische Phänomene zu regi-

strieren, die ihren Ursprung auf der anderen Seite des Atlantik gehabt haben mögen, aber nicht auf Amerika beschränkt geblieben sind. Dank seiner Fähigkeit zur Nuancierung erkennt man jedenfalls in *Yucatan* überall die Wirklichkeit wieder, in der wir leben.«
Frankfurter Allgemeine Zeitung

Creamtrain

Roman. Aus dem Italienischen von
Burkhart Kroeber. detebe 21563

»Kritisch äußert sich Andrea De Carlo über seine Erfahrungen in Amerika, die er sich in seinem ersten Roman *Creamtrain* vom Leibe geschrieben hat. Mit diesem Buch, dessen Manuskript sein Sponsor und Lektor Italo Calvino betreute, wurde Andrea De Carlo auf Anhieb zum meistversprechenden literarischen Debütanten.« *Sender Freies Berlin*

»*Creamtrain* ist ein perfektes Buch, sehr gut geschrieben, sehr gut zu lesen. Macht Spaß. Unterhält. Ist cool. Stimmig. Kein Wunsch bleibt offen.«
Der Falter, Wien

Vögel in Käfigen und Volieren *

Roman. Aus dem Italienischen von
Burkhart Kroeber. detebe 21386

»Was Andrea De Carlo in seinem Roman ›Vögel in Käfigen und Volieren‹ unternommen hat, ist nichts weniger als die erzählerische Bearbeitung eines der zentralen politischen Themen der zweiten Jahrhunderthälfte, jener merkwürdig imaginäre Krieg, den insbesondere junge Menschen gegen die ›Macht‹, gegen ›das System‹ anzuzetteln versuchten…« *Michael Rutschky*

»Atemlos gelebt, atemlos gelesen. Ein Italiener macht deutschen Romanciers Tempovorgaben. Dabei entstand eine neue Gattung: der Liebeskrimi. Das alles in

einer Sprache, die nicht lange in sich verweilt, aber dennoch fotografisch genau ist. Ein wildes Buch.«
Szene Hamburg

»Eines Tages wird Fjodor Barna, der Held des Romans, aus seiner Ich-Befangenheit herausgerissen, in seinem scheinbaren Stoizismus irritiert durch die Liebe zu dem ebenso schönen wie unberechenbaren Mädchen Malaidina, dessen Anblick ihm das ›Blut verkehrt herum kreisen‹ läßt; und wenn man in Fjodor einen späten Nachfahren von J. D. Salingers Holden Caulfield sehen zu können meint, könnte Malaidina eine Nachfahrin von Holly Golightly aus Truman Capotes *Frühstück bei Tiffany* sein.«
Frankfurter Allgemeine Zeitung

Neue deutsche Literatur
im Diogenes Verlag